桃園市 楊小姐（服務業，26 歲）

能發現這本書真是個機緣，看完了才發現自己的讀書方式錯得離譜，且深感自己在求學階段都是在浪費時間和生命，這本書一棒打醒夢中人的我，所以我又活起來了。原來好書不必多，只要一本能激發自己就很夠用了。

桃園市 汪小姐（內勤職員，35 歲）

標題下得不錯，平時沒怎麼看書，看到內容每天只要 30 分鐘，再討厭的事，也會覺得輕鬆不少。

桃園市 林小姐（內勤職員，26 歲）

應該早一點看，浪費太多寶貴的時間了！

基隆市 朱先生（內勤職員，32 歲）

「世界上沒有不能達成的目標，只有無理的目標設定」這句話點醒了我，讓我了解到要如何修正我的方向，本書讓我受益良多。

台北市 鄭小姐（內勤職員，34 歲）

這是本月讀過的 10 本書中最值回票價的，或許將會是本年中最值回票價的！

台北市 簡小姐（服務業，56 歲）

我已嘗試利用坐車時間來看書，看了才知道時間要省下來，以前都過去了，現在要活用了！

一年內超過50萬名的見證者
榮登全日本非文學第一名
每天只要30分鐘

全台讀者大力迴響

影響力無遠弗屆

（內勤職員，30 歲）

是感覺照書中方法實踐可以完成許多不

（家庭主婦，44 歲）

訂定計畫表，太實用太感動了！謝謝！

台北市 張小姐（服務業，41 歲）

每單元內容精簡短實，除了提升學習效率，有助於吸收精闢論點，看了很有成就感，也希望落實，有助個人目標達成！

屏東市 蕭先生（教師，35 歲）

內容實在，可行性高。

屏東縣 李小姐（學生，17 歲）

圖文並茂，讓學習不再是自我想像。

新北市 張小姐（學生，16 歲）

對「如果不看電視，上天會每六年多送你一年份的時間當禮物」的觀念感到十分實用！

新北市 林小姐（內勤職員，21 歲）

如果早幾年前看到此書，我相信我的人生會不同，不過現在也還不晚，我覺得這本書就算翻百次以上，都還嫌太少！

教育界、行銷界、補教界、餐飲界 各界菁英聯合強力推薦

王品集團創辦人 **戴勝益** / 前104人力銀行行銷總監 **邱文仁** / Live ABC 行銷部經理 **馮義中**
國立空中大學校長 **陳松柏** / 自由作家 **戴晨志** / 卡內基訓練大中華地區負責人 **黑幼龍** / 英語補教達人 **徐薇**

台中市 陳先生（外勤運輸，28 歲）

印刷的內容很簡單，不像一些華麗的書籍內容的文字印刷很精美，但也許就是這樣的單一性才讓讀者獲益良多。

台中市 黃小姐（企業主管，41 歲）

本書深入淺出，很適合我推薦給組織內的成員。（因為她們沒有電視會死！！）

台中市 廖小姐（內勤職員，26 歲）

很高興能遇見這樣一本書，讓我覺得買了真是值得，我要開始努力了！

台中市 李小姐（服務業，39 歲）

這真的是一本好書，有激勵的效果！

南投縣 康小姐（學生，22 歲）

這本書真的很符合我的需求，很值得買。我應該會推薦給其他人看，真的很棒。

雲林縣 林小姐（學生，22 歲）

很喜歡書面白色系的感覺，看起來讓人很想收藏，內容簡短有力，一針見血，深入人心！

雲林縣 張小姐（銷售業務，33 歲）

許多工具書內容太艱澀，往往都看不下去，但是這本真的使我整本看完，而且獲益良多！

台南市 蔡小姐（教師，23 歲）

非常好的一本書，這麼實用的書籍，請務必大力宣傳它！

台南市 張小姐（服務業，27 歲）

此書開啟了不同的新思維，只要30分鐘的努力與堅持就可能改變人的一生，感謝出版社慧眼識傑作，得以從此一出版品獲得寶貴的知識！

《每天只要30分鐘》影響力地圖

新竹市 黃小姐（服務業，21 歲）

封面設計很漂亮，很吸引人讀下去！內容十分實用！

苗栗縣 林小姐（學生，18 歲）

一本會影響我一生的書。

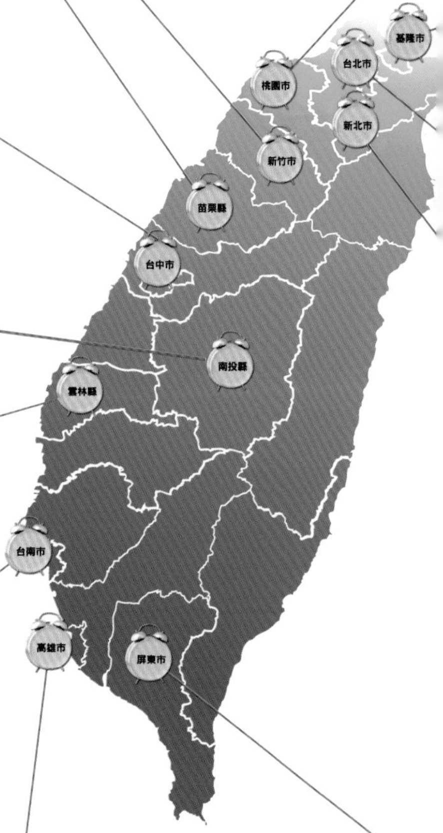

高雄市 林小姐（內勤職員，34 歲）

一針見血，把我的困擾都列了出來，很令人感動的一本書！

高雄市 謝先生（內勤職員，40 歲）

本書中，套出我從以前到現在的很多盲點，或許腳踏實地地去實行書中的某些方法是必須的。

高雄市 許小姐（大學生，21 歲）

提供的學習方法很實用，附上了圖表更淺顯易懂。

高雄市 李小姐（內勤職員，26 歲）

內容編排言簡意賅，即使利用5至10分鐘也可讀完一個學習法，收穫頗多，謝謝出版如此好的書，讓大眾受益。

「每天只要30分鐘」

投資理財需要錢
投資自己只要30分鐘

古市幸雄 著　**陳惠莉** 譯

『教育界、行銷界、補教界、餐飲界　各界菁英聯合　強力推薦』

【推薦序1】

學習像熬湯　每天只要30分鐘

◎英語補教達人　徐薇

《每天只要30分鐘》講述了一個道理：學習就像熬一鍋湯一樣，要用小火慢熬細燉，才能熬出美味的湯頭，而不是用大火急著把食物煮熟，這樣反倒弄巧成拙。如果能再加上自己的創意來料理，那學習的過程就更有樂趣了，這並不需要什麼高深的功夫唷！

我總是鼓勵學習英文的同學們，不要只把英文當成一個學校科目來讀，應該要發揮你的想像力，讓僵化的思維碰撞出新的火花（舉例來說：incarnation 的意思是「前世今生」，看起來很長對不對呀？但是背的時候呢，可以自己想像成：in 是進來，car 是車子，nation 是國家，我開著車子進入一個國家，就像又來到另一世），這就是發揮想像力的方法，學習過程還可以自娛娛人呢。況且這本書告訴我們，一天只需要花30分鐘的時間，善用好時間管理，人人都可以變成各領域的創意達人喔！

【推薦序2】時間可以自己安排

◎國立空中大學校長　陳松柏

「時間」是世界上最珍貴的資源，每個人一天都只能擁有24小時，只需要在這24小時中提出30分鐘來投資自己，報酬率絕對是正比。

學習並不困難，學習也不是壓力，運用好時間管理即可達到事半功倍的效果。《每天只要30分鐘》和所有莘莘學子們共勉之！

【推薦序3】滴水穿石，最有力量！

◎王品集團創辦人　戴勝益

時針12小時繞手錶一圈，但你看得到它在移動嗎？答案是：「看不到」！

默默耕耘的事情，往往最有收穫；潛移默化的影響，常常最爲深遠；滴水穿石的成果，每每最有力量！

持續作用的力道，才有最驚人的成效。

但現代人多的是「短視近利」，要的是「立竿見影」，做的是「一蹴可幾」，因此常看到一群現實、功利和急躁的人，用「馬上成效、否則免談」的心態處事，結果是一事無成，甚至是一敗塗地。

誠如本書作者所說，「學習是人生致勝的關鍵」！學習成效建立在漸進的過程中，只要跟著《每天只要30分鐘》書裡的種種方法，可以「Learn to Win」，讓你在學習路上，成爲眞正的Winner！

【推薦序4】

學習法，就從這本書開始！

◎前104人力銀行行銷總監　邱文仁

我眞心地覺得：學習，是一件快樂的事！

學習的快樂來自於接觸到新事物及新發現所帶來的驚喜；

學習的快樂來自於技能的提升所帶來的成就感及安全感。

學習並不枯燥，只要你用對方法！

「學習法」也需要學習，就從本書開始。

【推薦序5】非常具有實踐力的一本書

◎自由作家　戴晨志

讀完這本書，如果你是上班族，會激發你的危機感；如果你是在學學生，會衝擊你的學習態度；如果你是失業者，會增加你的戰鬥力；如果你什麼都不是，更會讓你馬上有計畫、有目標，原來利用每天30分鐘，這麼重要！

這本書的作者身體力行《每天只要30分鐘》的學習態度跟精神，無形中也讓我體會到，五年、十年後，如果我不想成爲「不堪使用」的人，現在就要好好地利用「每天30分鐘」。

雖然只是短短的30分鐘，卻可實現未來的夢想，很具有實踐與說服力的一本書。

【推薦序6】歸納你我的學習盲點

◎Live ABC 行銷部經理　馮義中

《每天只要30分鐘》講述了一個道理：學習就像熬一鍋湯一樣，要用小火慢熬細燉，才能熬出美味的湯頭，而不是用大火急著把食物煮熟，這樣反倒弄巧成拙。如果能再加上自己的創意來料理，那學習的過程就更有樂趣了，這並不需要什麼高深的功夫唷！

【作者序】不做輸家的學習法！

我一定要向一些顧客們致歉。

這是本書獲得出版機會時我心中眞正的感覺。因爲這本書原始的出處是從二〇〇三年十一月起在個人的網站上以「不做輸家的學習法」這個標題，以一萬日圓的費用所提供的文章。雖然金額如此之高，但光是在網站上就賣出五百本以上，成了檯面下的暢銷書。

事實上，這種學習法附帶有一年的全數退款保證。號稱「實踐這種學習法，一年之內若無成果，則保證全數退款」。然而，過去的這三年半當中，要求退款的只有一個人。

我收到的不是抱怨，而是充滿感謝的回饋。

「以前倡導學習法的書，都是以能夠從事學習活動的人爲前提所撰寫的，然而本書中所提到的**這種學習法，卻是以沒有學習習慣的人為前提**所寫出來的。是一種非常具體，有別於其他種類的學習法。」

我收到很多類似這種內容的感想。

有人因爲實踐了這種學習法而成功地轉換了工作；有預定要出國留學的人因此而大幅提高了學習的效率，實踐者的成功案例多不勝數。

接下來我要公開的學習 know-how 並不是紙上談兵，也不是一種精神上的理論。因爲精神上的理論是無法長期持續的。這種學習法是我在極盡勞苦的情況下所歸納出來，目前最佳的學習法。

以前我曾經一邊在報社擔任攝影記者，一邊準備留學。

由於工作忙碌，幾乎找不出時間來學習，因此一直思索著該如何才能撥出時間來。因爲學習狀況遲遲沒有進展，不知有多少次對自己感到憤怒。也曾經因爲注意力沒辦法集中而陷入自我厭惡的情境當中。由於天生有鼻子方面的問題，導致呼吸困難，當我發現這是造成集中力無法長久持續的原因時，甚至立刻去動了鼻子的手術。也有過開始排斥學習，曾經一度放棄準備留學的經驗。甚至有過不知不覺就坐在書桌前面睡著的紀錄。

可是，在反覆經歷這樣的嘗試錯誤之下，終於得以到美國留學了。

渡海前往美國留學之後，卻了解到一個嚴苛的現實，那就是學習的份量必須是以前的一・五倍。我發現自己的英語能力幾乎是沒辦法派上用場。

於是，爲了提升英語能力，我要求自己每天要讀四十分鐘的英文報紙。如果某一天沒能按照計畫閱讀，那麼第二天就要連前一天的報紙一併補讀完畢。每天學習十二小時以上是非常理所當然的事情。在這方面，我也是在不斷地成功和失敗之後，終於摸索出最能有效地吸收知識的方法。

本書就是將這些個人長期以來的學習經驗集大成，再加上將前面提到的「不做輸家的學習法」加以補充、修正而成的。我就是使用了許多本書所提到的學習法，從三十歲開始培養英語能力，也取得了企業管理碩士（MBA）的學位。目前從事指導學生學習英語的工作，也許我是少數能教導英語發音的日本人之一。

不只是我本人，有超過五百名以上的人已經實踐了這種學習法，同時也展現了成果。因此，這種學習法是一種**效果已經獲得實際證明的學習法**。

順帶一提，我也將在網站上公開的序拿來引用。內文雖然頗具挑釁的味道，然而我希望各位能夠了解當初將整個內容做整合時的用意，所以請務必一看。

你服務的公司內部是否有**不堪使用**的上司？

我所謂「不堪使用的上司」就是早上準時上班，幾乎不事生產，不但沒爲公司帶來一日圓的利益，甚至反倒造成負四萬日圓左右的損失，形同公司負擔的那些大叔們。這種說法或許是失禮了些，然而對他們而言，**不堪使用**卻是貼切的形容詞了。

你也想變得跟他們一樣嗎？

他們在商場上之所以變成不堪使用的人，理由非常明顯。因爲這些人在下班後不是跟同事混居酒屋，要不就是在電車上閱讀運動報，一回到家就猛灌罐裝啤酒、看職棒……從來不看商業用書，也不參加研習會或討論會，自我提升的意念幾近於零。打從進公司，過了二十、三十年，時代不斷變遷，大環境有求於企業人士的技能也日新月異，然而這些人卻幾乎沒有學會任何新的技能。

也就是說，到目前爲止，他們幾乎沒有在自己身上投資過什麼。

一聽到「投資」，或許很多人的腦海當中都會浮上金融方面的投資這個想法。可是，如果把金錢和時間用在自我學習上，因而獲得晉升或加薪，甚至避免被裁員的命運的話，那就算是一種很好的投資了。再說得更直接一點，在難以找到高投資報酬率的超低利金融商品的現代社會當中，**對自己本身的投資可以說是投資報酬率最高的一種投資了**。

我再重申一次——

在目前五十幾歲的企業人士的全盛時期，終身雇用的神話比現在普及得多，一個人或許可以一輩子依靠公司過活。然而，就如各位所知，這樣的時代已經走入歷史了。

依靠公司一輩子的時代已經結束了！

首先請務必要清楚認知這件事。從現在起往後至少二十年，你必須讓自己成爲一個就算明天遭公司解雇，也可以很快找到下一個工作，可以獨立又有能力的企業人士。

你的人生起伏，更有甚者，你最重要的家人，端看負責養家活口的你而定人生了。

容我再戳一下你的痛處。

如果你沒有一個可以領到某種水準薪水的固定職業的話，目前年紀還小的孩子將來是無法進大學念書的；如果你跟伴侶的收入總和沒有達到某個額度的話，你就沒辦法讓現在的孩子，或者將來的孩子受到完整的教育。這是非常現實的問題。

看到這裡，你是否依然故我——

「你還在電車上閱讀運動報嗎？」

「你還在看電視的綜藝節目嗎？」

可是，購買本書的大部分人應該不是這樣的吧？因爲有自我提升的意願，所以才會刻意付錢得到這個情報。現在我要傳授給大家的是本人從大學畢業之後，持續孜孜不倦地學習，以自己的方式編寫出來的學習法。

當然，我也參考了各種不同的學習法。

書店裡有很多與學習法相關的書籍。但總讓我感到不滿的是，沒有人寫出比較具體的學習法。

舉例來說，書上寫著「早上提早一個小時起床念書」。可是，明明平常就已經睡眠不足了，如何還能擠出一個小時來呢？該使用什麼樣的筆記工具才好呢？書上完全沒有這方面的指導。

我想盡可能地具體傳授大家訣竅，讓大家知道本人是使用什麼樣的道具？在什麼樣的環境學習？如何撥出時間來學習？

我並不強調「這種學習法對你最好」。完全是根據我自己的經驗，將我認爲「目前這是最好的」學習法傳授給你。

你可以以此爲標準，採用適合自己的學習風格的東西，去掉不適合自己的要素。

我所傳授的學習法當中也有一些簡單到讓人感到愕然的訣竅。但是，知道跟實踐是兩碼子事。

順便告訴各位，我所擁有的主要技能和資格如下：

- ●ＭＢＡ（企業管理碩士）
- ●TOEIC（多益英語測驗）九八〇分
- ●英語會話達商用英語等級
- ●國中、高中的英語教師資格
- ●ＭＣＳＥ（微軟認證系統工程師）
- ●ＭＣＤＢＡ（微軟認證資料庫管理員）
- ●ＭＣＳＤ（微軟認證解決方案開發人員）

這當中或許有你所羨慕的技能或資格。但是，我並沒有做什麼特別的事情。我只是趁一般上班族或企業人士在居酒屋喝得爛醉的時候，把這個時間拿來學習技能罷了。而且也只是利用一般上班族在通勤時閱讀漫畫改成閱讀商業用書罷了。我與其他人不同的地方只在於時間的利用方法和學習法而已。

我自日本的大學畢業之後已經過了十五年（後來在美國取得碩士學位）。一般人在進大學（或者高中）之前，或者在學期間都會做某種程度的學習。但是，和別人之間之所以會拉出差距，就是在於**畢業之後有多努力持續學習**。

閱讀本書的讀者當中或許有人會說「我念的不過是三流大學而已」或者「我沒有念過大學」。

但是，就算讀一流大學和三流大學的四年當中有所差異，或者就算沒有念過大學的人跟別人有這四年的差異，只要在大學（或者高中）畢業之後腳踏實地持續學習，這段差距很容易就可以彌補過來了。此外，只要持續學習，也可能使自己的立場逆轉，**反倒明顯地拉開和**

別人之間的距離來！

讓我們做個單純的比較吧：

A君在一流大學畢業之後，幾乎都沒有再學習任何技能，作為自我投資。

B君則在三流大學畢業之後，每天都持之以恆地學習他認為有必要的技能約三十分鐘。

大學畢業十年之後，你認為誰才能學會符合時代需求的技能呢？答案自是不言而喻了。

自從大學或高中畢業之後，你每天大約學習多少時間？

如果你對「學習」這個字眼會產生抗拒感的話，那麼我們採用另外一種說法吧，為了琢磨自己，你每天大約投資多少時間、金錢、勞力在上頭？

你總不會說「因為我沒有繼續升學，所以沒有學習任何技能」吧？你不會找藉口說「因為工作太忙了，所以**沒辦法**學習」吧？

每當看到**不堪使用**的企業人士時，我都替他們感到非常悲哀。你知道為什麼嗎？理由是因為他們清楚自己本身欠缺能力，對自己本身沒有任何榮耀感。我非常了解這種感覺。這些人經常被上司叱責，被部屬瞧不起，當然，也得不到家人的尊敬。

這些人當中或許有人想爲自己辯解「我在公司雖然談不上有才幹，但是在家中可是個很稱職的父母！」然而，目前在一般的企業體系裡面，能力低的職員多半都會成爲降職或裁員的對象。

如果在遭到裁員之後，沒辦法確保有某種程度的收入的話，不就等於沒有盡到身爲父母的一項重大任務嗎？

或許也有人要抱怨「是將我裁員的公司不對！」可是，站在相反的立場來看，如果你是一個老闆的話，你會心甘情願地持續付薪水給一個能力低落的職員嗎？

順便問各位一個問題，你知道公司爲了雇用你，一個小時所花的經費是多少嗎？

一般的上班族一年的工作時數是一千八百五十個小時。讓我們多估一點時間，假設是兩千個小時吧！要計算公司每個小時所花的經費並不是將你的年收入除以工作時數得出來的結果。至少也要用年收入的一．五倍這個數字去除以工作時間。

你的公司爲了雇用你，除了薪水和紅利之外，還要花上交通費用、電腦費用及其他許多大筆的經費。因此，最少比你的年收入多了五成的費用，都被當成眼睛沒辦法直接看到的雇用費花出去了。所以，假設一個年收入五百萬日圓的人，就要用工作時數來除七百五十萬日圓，如此就可以算出雇用你一個小時所需要的經費了。

舉例來說，以兩千個小時來除七百五十萬日圓的話，一個小時相當於三千七百五十日圓。至於這個數字代表什麼意義？也就是說，如果你工作一個小時卻沒辦法爲公司賺得比這個數字更多的利益的話，就算被裁員，你也無話可說。以一天工作八小時來算，一天平均是三萬日圓。

在商場上，如果個人發揮不了作用，所有的責任都在你自己身上。你之前爲什麼不發憤圖強，努力學習呢？你之前爲什麼不投資自己，學習新的技能呢？

你認爲我爲什麼知道「不堪使用的企業人士沒有榮耀感」嗎？

理由是因爲小時候身邊有太多這種類型的人了。看到老是不斷地對公司或整個社會發牢騷的大人們，幼小的心靈是這麼想的：「既然如此，**為什麼不努力學習呢！**」

這些大人的共通點就是不懂得爲自己所想要的人生做任何努力，只一味地將目前所處的現狀歸咎於父母或成長的過往等本身以外的因素。

我當時在心底發誓「**我才不要變成這樣的大人**」，就這樣一路持續努力過來。這就是我持續學習的原點所在。

從現在起，我將要傳授各位我本身歷經錯誤所學到的學習法。也就是要傳授各位在人生的過程當中，獲得勝利的學習方法或想法、習慣的祕訣。

事實上，要養成學習的習慣並不是那麼困難的事情。只要掌握學習的訣竅，然後只要使其變成一種習慣就好了。然而，對尚未養成學習習慣的人而言，找出學習的訣竅，或者理出自己的學習步調就是一項重大工程了。剛開始學習一件事情時，往往會因爲學習的過程不順遂，或者集中力沒辦法持續而陷入自我厭惡的情境當中。最壞的狀況甚至排斥起學習這件事。

本書的內容除了有具體的學習法之外，也大量傳授各位對學習的觀點和心理準備。因爲你的心理準備情況比手頭上的學習法要重要一百倍以上。只要心態改變，行動就會隨之變化。然而，光是改變手頭上的行動模式而沒有同時修正心理準備，那你很快地就會失去持續力。

請答應我一件事。不要一次就想消化所有公開的學習法，請按照順序，一次學一個或兩個方法就可以。把精神集中在一個（或兩個）方法上，養成習慣之後，再換下個學習法。至於順序則不用太拘泥。請從你感覺「這種方法似乎可行」的簡單方法開始嘗試起。

此外，我也將針對透過間接的事物，來大幅影響學習的效率一事提供各位建議，而不只是討論直接學習。也就是說，我們的目標是整體地提升學習的效率。

而最重要的是要持續學習，就算每天只學一點點也無所謂。只要持續學習，國中畢業、高中畢業、二流、三流大學畢業的心理包袱都可以很容易就克服。

只要持續「一天30分鐘」的學習習慣，維持半年至一年，你應該就可以真實地感受到本身的知識增加，對自己也越來越有自信。如此一來，夢想的實現和目標的達成就指日可待了。

只要持續「一天30分鐘」的學習，你的夢想就會實現！

現在，就從自己能力所及之事開始，每天一點一點踏實地嘗試吧！

CONTENTS

推薦序 003
作者自序 007

第1章

學習是人生致勝的關鍵！

學習法1 如何賦予學習一個動機？ 026
學習法2 如何養成學習的習慣？ 029
學習法3 讀書的訣竅在哪裡？ 034
學習法4 以大腦科學的實驗結果為根據，所構築出來的正確學習法 038
學習法5 什麼是學習成果最重要的要素？ 043
學習法6 何謂致勝的學習戰略？ 047
學習法7 學習之初如果沒有成果展現呢？ 048
學習法8 如何有效地吸收知識？ 052
學習法9 自我投資為何有其必要性？ 055
學習法10 我的自我投資經歷 058
◆整合 067

第2章

如何騰出學習時間

學習法11 如果少看一點電視，可以騰出兩個月份的時間來？ 070
學習法12 如何在公司裡面騰出學習的時間？ 076
學習法13 如何使用時間才能拉開和同儕之間的差異？ 078
學習法14 如何在自家、公司以外的時間騰出學習時間？ 080
學習法15 通勤時間的聰明使用方法（搭電車時） 082

學習法16 通勤時間的聰明使用方法（開車・徒步時） 086
學習法17 如何騰出假日的學習時間？ 088
學習法18 建議採用「盡可能早晨學習」的理由 090
◆ 整合 092
◆ 實踐者的心聲 093

第3章
如何讓注意力集中

學習法19 「舒爽」是集中精神學習不可或缺的要素 096
學習法20 集中力大約能持續多久的時間？ 098
學習法21 有效的休息方法 100
學習法22 令人意外的休息時間使用法 103
學習法23 持續長時間學習的訣竅 105
學習法24 心情不對的時候該如何處理？ 108
◆ 整合 111

第4章
短期集中型・長期計畫型的學習法

學習法25 短期集中型學習的訣竅爲何？ 114
學習法26 轉變爲短期集中型而導致失敗的理由何在？ 116
學習法27 讓我留學之行成功的長期計畫型學習法 118
學習法28 學習期間無法避免的感情因素 121
◆ 整合 123
◆ 實踐者的心聲 124

第5章

為真正想學好英語的人設計的英語學習法

學習法29 雖然持續學習英語，然而…… 126
學習法30 為何學不好英語？（之1） 128
學習法31 為何學不好英語？（之2） 132
學習法32 為真正想學好英語的人設計的學習法 134
會話篇／聽力篇／閱讀篇／書寫篇
學習法33 真正想學好英語的人一年當中的標準英語學習量 146
◆ 整合 150

第6章

成功學習的目標設定方法

學習法34 何謂目標的設定方法？ 152
學習法35 長期目標的重點？ 155
學習法36 設定中期目標的訣竅 157
學習法37 如何設定一日目標？ 160
學習法38 目標的設定會大大左右行動和成果 162
學習法39 目標無法達成的最大理由 166
學習法40 逆向的思考方法可以達成目標 168
學習法41 為達成目標要付出什麼代價？ 172
學習法42 利用手冊設定目標可以加速計畫實現的速度 174
學習法43 如何利用手冊做目標設定？ 177
◆ 整合 181
◆ 實踐者的心聲 182

第7章

提升學習效率的飲食・睡眠

學習法44 飲食和學習的成果有關 186
學習法45 為什麼睡眠如此重要？ 192
學習法46 有什麼方法可以在沒有鬧鐘的情況下起床？ 194
學習法47 如何讓頭腦從一大早就開始靈活轉動？ 197
◆整合 198
◆實踐者的心聲 199

第8章

提升學習效率的工具

學習法48 什麼工具可以讓我們維持集中力？ 202
學習法49 對戶外學習活動有幫助的工具為何？ 203
學習法50 建議使用的筆記工具 205
學習法51 有哪些方便訓練聽力的工具？ 207
學習法52 如果是長期計畫型的學習，一張適當的椅子是首要投資？ 209
學習法53 怎樣才是最合適的書桌照明？ 211
學習法54 什麼工具能有效抵抗寒意？ 213
學習法55 什麼樣的工具可以讓你舒服地清醒過來？ 214
◆整合 215
後記 216
參考文獻 219

第Ⅰ章

學習是人生致勝的關鍵！

學習法1 如何賦予學習一個動機？

有什麼方法可以讓自己產生學習的動機和動力？

也就是說，可能有人連要怎麼找到學習的動機都不知道吧？明確說來，不容易給自己一個學習動機的人往往都對學習這種事情興致缺缺。所以，在這種狀況下，根本就不用強迫自己去學習！

不要懷疑你的眼睛。無心學習，或者無所覺悟的人大可放棄學習的念頭。我們該受的義務教育早就結束了，而人生的學習並不是一種義務教育。

你知道所謂的「眞正想學習」的欲求是怎麼一回事嗎？有很多年輕人一到法國的巴黎，就夢想著將來要當一個職業藝術家。在這些人當中，有很多人都是屬於生活比較貧困的學生。而這些學生中不乏有縮衣節食，將生活費挪用去買書或畫材的人。來自國外，在日本努力學習的留學生也有一樣的執著。

你擁有做到這種地步的熱情嗎？

我並沒有要求你「請務必縮衣節食努力學習」。我要告訴各位的是，所謂的「想學習」的欲求就是這麼回事。基本上，一天當中連三十分鐘的時間，都沒辦法挪出來用在學習上的人，就是屬於不想學習的人！

目前年紀在七十歲以上的年長者中有不少人在幼年時期不是因爲家境貧困，要不就是因爲戰爭等種種因素而未能如願上學，我相信應該有不少人至今仍然會帶著遺憾的語氣說：「當時實在是很想好好念書的，可是……」

可是，讓我們看看這些人現在每天晚上都在做些什麼？他們都窩在電視機前面呢！說穿了，像這樣的人基本上都是屬於不想學習的人。若眞有心要學習，到書店去買一本自己有興趣的書回來讀不就是了？可是他們連這種舉手之勞都不願做，只是一味地給自己找理由「當時實在是很想好好念書的，可是……」

然而，如果要用「缺乏學習的意願」這麼一句話，就將有這種境遇的人全都貼上標籤的話，那這些人也未免太可憐了。因爲，**時機對學習活動而言是非常重要的**。也就是說，當我們產生「想學習」的念頭時，正是這個人學習意願最強烈的時候。然而，一旦錯失了這個絕佳的時機，學習的意願就會慢慢地消退了。

所以，當你產生「我想學什麼」「我想學滑雪」的念頭時，就絕對不能錯過這個機會。只要你能在這個時期集中力量學習，通常都能吸收到數倍於一般效率的知識。訣竅在於，當你想學習的時候，就要即時去學習該領域的知識。

以我個人的例子來說，在二十三歲時拜訪了到美國留學的朋友，當時始終無法拋開「我也想到美國去學習」的念頭，就這樣，過了三十歲之後，終於進了美國的研究所就讀。

若眞要提供讀者建議，以便大家賦予學習一個動機的話，那不妨請你問自己這個問題：「再這樣下去，我能以自己爲榮嗎？」

或者請試著想像不努力自我提升，以目前這個樣子再過個十年之後，到時自己會是什麼模樣？

・我能保持目前的職務和地位嗎？

・我能夠維持目前的收入嗎？

・我目前服務的公司還會存在嗎？

想給自己一個學習的動機，訣竅就在於先想像自己將來想成爲什麼樣的人。然後請你試著去思考，要接近那個未來的想像，現在我必得做出什麼樣的努力？如此一來，應該就可以很容易地找到賦予學習一個強烈動機的理由了。

學習法 2　如何養成學習的習慣？

想要避免只有三分鐘熱度，持續學習多年，個中訣竅就是避免每天大量的學習，通常只要每天花上三十分鐘或一個小時就可以了，時日一久，自然就會養成習慣，持續進行好多年。這裡所謂的學習包括讀書在內，更包括可以提升自我水準的所有學習活動。

每天花三十分鐘學習，若能持續學個五年，所獲得的成效大過於一天學習五個小時，只持續一個星期的熱度。只要養成習慣，就不會深以爲苦。若是不情不願地持續學習五小時，自然就會開始產生排斥感。請參考下頁的圖示。

上方的圖表是一天學習五個小時，一年當中學習十天的狀況，而下方的圖表則是每天學習三十分鐘，一年當中持續學習三百天的狀況。棒形圖表的面積決定學習的總量。上方的圖表是五個小時×十天，總量是五十小時。而下方的圖表是三十分鐘×三百天，得到的總量是一百五十小時。由此就可以看出，每天學習一點，長期持續進行，所得的效果一定大得多。

只要過個兩年、五年、十年，兩者的差異就昭然若揭。如果你選擇持續學習的道路，就

「細長」比「粗短」簡單！

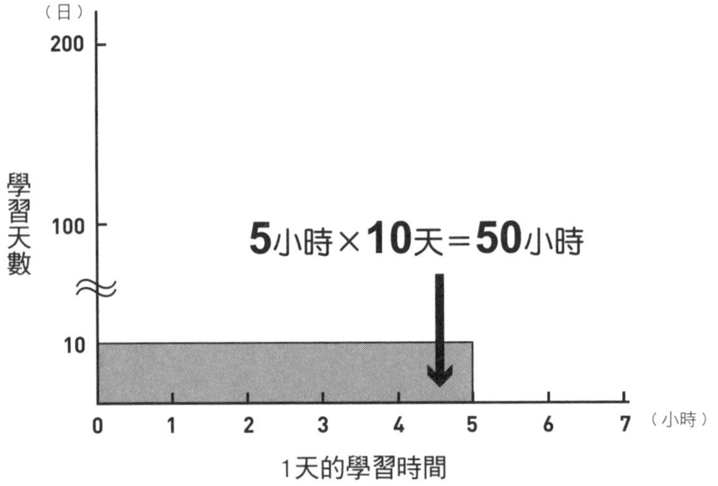
（日）
200
100
10
學習天數
5小時×10天＝50小時
0
1
2
3
4
5
6
7
（小時）
1天的學習時間

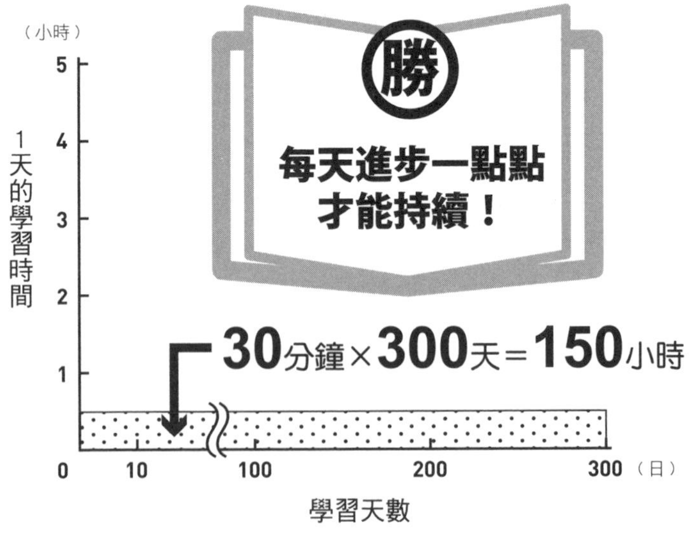
（小時）
5
4
3
2
1
1天的學習時間
勝
每天進步一點點
才能持續！
30分鐘×300天＝150小時
0
10
100
200
300
（日）
學習天數

可以創造出一個擊垮其他競爭者的有利狀態。另一方面，假如你選擇不學習，那就意味著你將會成爲被淘汰的人。

成敗就端看你怎麼選擇了。

有些有志學習的人在一開始時會燃著熊熊的鬥志，最後卻只落得三分鐘熱度的下場而陷入自我厭惡的情境當中。不過，就算你只有三分鐘熱度也無所謂。如果每年能反覆五十次的三分鐘熱度，一年下來就可以有一百五十天的學習時間。你不覺得這樣也是很不簡單嗎？

養成習慣的唯一方法就是將行動模式烙進無意識（潛意識）當中。想改變一種習慣，一開始是非常吃力的。但是，除此之外並沒有其他方法可以改變現狀。

你只要反覆體會成功與不成功的過程，一點一滴地養成習慣就可以了。不成功時千萬不要自我解讀爲「我失敗了」，何妨視爲「我得到了達成改善目的的重要提示」。我個人也不是瞬間就成功地改變，養成目前的習慣的，所以請各位放心，不用操之過急。

說起來也不足爲奇，一般媒體都只採訪當代最受矚目的人。舉例來說，年輕而成功的經營者就是最佳人選。但是像我們這樣的平凡人根本沒有必要像他們那樣，這麼年輕就獲得成功。大器晚成也不是一件壞事，只要每天持續踏實地學習，最後能獲得人生的勝利就夠了。

我們完全不需要因爲沒辦法就讀一流的大學而感到自卑。上不上大學只不過是人生的一個過程。就像我們小時候玩的人生遊戲一樣，目標只在於最後能笑著退場。而要達到這個目的，每天一點一滴地持續學習是很重要的。

假設你現在是三十五歲，人生以八十年爲目標，那麼你的人生都還沒有走到一半。你是否以「因爲沒能念大學」「因爲家裡缺錢」之類的藉口而**放棄了自己的人生**？

從小漢堡店的商機看出無限的可能性，從而將麥當勞發展成具有全球性規模的連鎖店的雷．克洛克是在五十二歲的時候才著手該事業的。如果他在三十或四十幾歲的時候就放棄人生的話，也許絕對不可能成就這樣的豐功偉業吧？

他在著作《永不放棄：我如何打造麥當勞王國》提到：「只要能持續你的信念，你就是全能的人。」只要相信自己，持續學習，你就可以得到超乎你自己想像的成功。

每個人在一生當中或多或少都會有包袱和障礙。想要克服這些包袱和障礙，能夠在最後笑著退場，那麼你所需要的不是靠一支逆轉全壘打來扭轉頹勢，而是適時的接連安打來獲取分數。也就是說，你只要每天持續努力地學習，最後在人生的遊戲中獲得勝利就可以了。

你放棄自己的人生了嗎？

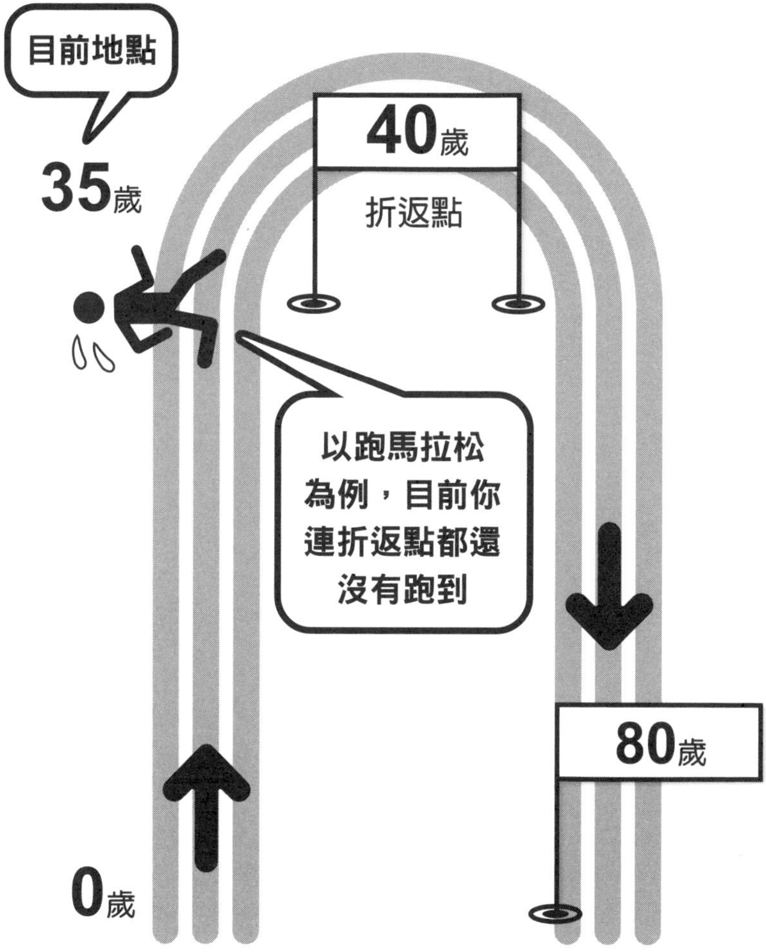

學習法3 讀書的訣竅在哪裡？

如果我們用「學習」這個字眼來說明，也許某些人的腦海就會立刻浮起義務教育的學習這樣的概念，因而產生抗拒感。不過我認爲，一般而言，提升自己，使自己的水準優於昨天，這樣的生產活動用「學習」來表現並不爲過。最貼近我們生活的學習活動應該就是讀書吧。

沒有閱讀書本習慣的人請慢慢地養成看書的習慣，就算是一個月看一本也無所謂。如果輸進我們大腦的情報資訊量太少，就很難提升自己的水準。換言之，輸入的情報量少正是一個人的情報輸出量少的原因之一。

購買書籍時，訣竅在於不要一次大量購買，盡可能一次只買一本書，而且從**購買當天就開始閱讀**。

根據我的經驗，購進書籍卻始終沒看過的書永遠都是一次大量買進，而且沒有從購買的當天就開始閱讀。

先前我已經說過「學習的時機是很重要的」，此種論調亦適用於閱讀書籍。當你在尋找書籍時，如果看到一本激起你「想看個究竟」的意念的書的話，只要在零用錢許可的範圍內，千萬**不要猶豫，立刻買下來**。而且當你買下那本書之後，當天就要開始閱讀。就算只是翻閱個幾頁也無妨，總之，立刻開始閱讀正是訣竅所在。

因爲，在你興起「想看個究竟」的意念當下閱讀書籍最能有效地吸收該書的情報。如果一次大量購買書籍，多半都會錯過這種「想閱讀的時機」。

此外，當你開始閱讀書籍之後，發覺「這本書一點都不好玩」或者「上頭沒有我想要的情報」的話，請立刻中斷閱讀。然後，將那本書賣給舊書店或亞馬遜的二手書市場交流區（買賣中古商品的網站）。不要因爲是自己「特地買回來的」就勉強繼續閱讀對自己無益的書籍，這只是一種浪費時間的做法。

根據我的經驗，每五本書當中有一本書會讓人有「這本書還可以」的感覺。至於「值得珍藏一輩子」的書則頂多是二十本當中只有一本的比例。因此，想要找到一本好書，就必須增加個人的讀書量到某種程度。

此外，有時候我們也會在花了很多時間看完一本書之後發現這本書實在沒什麼幫助。根據我個人的經驗，其中有兩個理由：

1. 書籍本身沒有任何有助益的情報。
2. 自己本身沒有達到可以從該本書中消化到有益情報的水準。

關於第二個理由，大概鮮少人聽過。

舉例來說，以我個人的情況而言，只要是好書，往往會閱讀好幾遍。有趣的是，即使是同樣一本書，看第二次、第三次可以得到比第一次閱讀時更多有益的情報。

此外，有時候也會出現這樣的情況——當時判斷該書沒有什麼有助益的情報，然而在幾年之後再度閱讀同一本書時，卻發現自己可以完全理解作者的意思了。

事實上，寫在書上的內容完全沒有任何改變。這就表示自己的水準已經提升到可以掌握有益情報的等級了。閱讀書籍是了解自己水準的一種非常有效的方法。

想騰出看書的時間，我建議不妨在入浴期間閱讀。就算是忙得無暇看書的人，如果採用這種方式，那麼每天至少也可以看個十到十五分鐘的書。

也許你會擔心浴室的熱氣會讓書本變皺，不過那無所謂（書放在浴室裡就會變皺）。也許你會因爲「這是特地買回來的書……」而猶豫不決，不過請你要把書籍當成是一種消耗品。

與其放著不管，閒放在書架上，不如讀到讓書籍產生皺摺，甚至出現破損，以多吸收一些知識，這樣還比較具有生產性。

學習法4 以大腦科學的實驗結果爲根據，所構築出來的正確學習法

德國的實驗心理學家艾賓豪斯（1850～1909）曾經做過關於記憶的實驗。

根據這個實驗顯示，人在記憶情報二十分鐘之後大約會遺忘42％，一個小時之後遺忘56％，九個小時之後遺忘64％，六天之後則大概會忘掉76％。

他的實驗證明了一件事，與其持續不斷地企圖記住某些事物，不如間隔一段時間來記憶，大腦比較能有效地記憶下來。也就是說，當我們把某種情報送進大腦裡，在大腦即將忘記那份情報的時候，再將同樣的情報傳送進大腦一次，記憶比較能固定於大腦當中。

反過來說，於短時間之內採集中式的學習會讓我們很快就忘掉，得不到預期中的學習效果。相對地，定期地反覆持續學習反而可以使學習更有效率。掌管記憶的是腦部，因此我將從腦部科學的觀點多做一點詳盡的說明。

由於大腦沒辦法記憶所有的情報，因此會將情報種類區分出來，一種是暫時記憶之後可以將之遺忘的情報，另一種就是必須長期記憶的情報。我們必須判斷輸進大腦的情報是應該暫時記憶或者長期記憶下來。負責這種區分作業的是一種被稱爲海馬迴的大腦部分。

記憶的機制簡單說明如下：

顳葉→海馬迴→顳葉（長期記憶）
顳葉→海馬迴→廢棄（暫時記憶）

人類接觸到的情報（①）從被稱爲大腦顳葉的部分傳送到海馬迴（②）。情報在此地暫時被保存下來。至於暫時保存下來的目的則是爲了區分該情報，是應該暫時記憶下來或者長期記憶。

當海馬迴處於情報被暫時保存的狀態時，如果同樣的情報頻繁地被傳送到海馬迴的話，大腦就會判斷「這個情報是非常重要的情報」，而將情報送回顳葉，將情報長期保存在此地（④）。這就是長期記憶。另一方面，如果同樣的情報有好一陣子沒有被傳送到海馬迴的話，大腦就會判斷此情報並不是那麼重要而加以廢棄（⑤）。這就是暫時記憶。

了解記憶的機制！

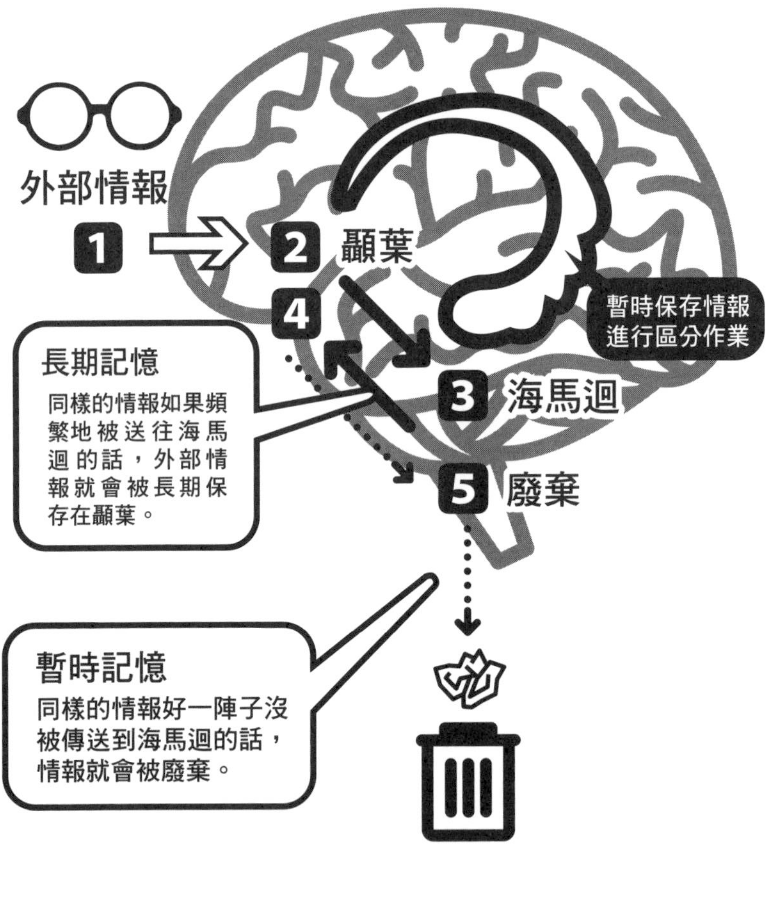
外部情報
1
2 顳葉
暫時保存情報
進行區分作業
4
長期記憶
同樣的情報如果頻繁地被送往海馬迴的話，外部情報就會被長期保存在顳葉。
3 海馬迴
5 廢棄
暫時記憶
同樣的情報好一陣子沒被傳送到海馬迴的話，情報就會被廢棄。

讓我們舉例來說明。

假設你以背誦英語單字作爲學習英語的方法。如果你企圖背誦某個英語單字，這個情報就會透過顳葉被送往海馬迴。一個星期之後，你再進行同樣的英語單字的背誦作業，於是這個情報再度被送往海馬迴。再一個星期之後，重複進行同樣的背誦作業。反覆多次這個作業之後，由於這個英語單字的情報頻繁地被送往海馬迴，因此大腦便判斷這個情報是値得記憶的情報而加以長期保存。如前所述，此時便將這個情報傳送到顳葉，將情報長期保存在此處。

另外，假設你要打電話給關係不是很親近的人，這個電話號碼的情報便同樣被傳送到海馬迴，暫時被加以保存。但是之後你就沒有再打電話給這個人，因此也就沒有再接觸這個號碼。也就是說，同樣的電話號碼情報並沒有被傳送到海馬迴。於是大腦便判斷這個電話號碼情報沒有長期記憶的必要，因此並沒有將情報傳送到顳葉而直接廢棄。據悉，海馬迴的暫時保存狀態爲期一個月。我們由此可以了解最適合的學習和背誦方法。

也就是說，「學習某個項目→之後一個星期做複習→距離第一次複習之後兩個星期複習第二次→第二次複習之後一個月內複習第三次」是最有效的學習方法。

在認眞地學習事物之前先了解人的大腦是如何運作，是以什麼樣的機制來記憶事物，這不失爲一種比較好的方法。

長期記憶的重點在於定期的複習！

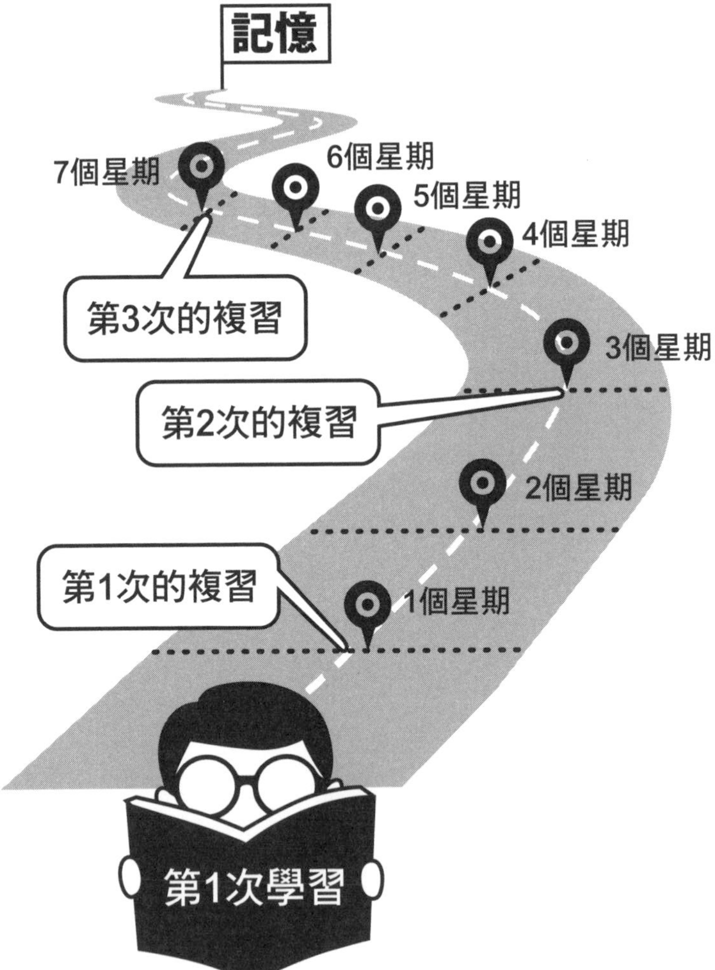

學習法5　什麼是學習成果最重要的要素？

粗略計算學習的成果時，我建議採用以下的公式。

此公式就是$y=a\times b\times x^2+c$的方程式。y（學習的成果）＝a（教材、服務的質）×b（集中力）×x^2（學習時間的平方）＋c（過去學習的累積）。

不管花上多少時間，如果不能集中學習，而只是採用零零落落的方式，成果往往會不盡如人意。而且學習時間是採平方計算。**x（學習時間）是決定y（學習的成果）最重要的因素！**a（教材、服務的質）和c（過去的學習累積）拿來和x（學習時間）的平方相較的話，其實是發揮不了什麼影響的。

請那些說「我沒辦法就讀一流大學」的人注意，a（教材、服務的質）的變數影響是很小的，而說「我一直都很不懂得學習」的人則請注意，c（過去的學習累積）的影響是微乎其微的。

順便再提到一點，有「我的b（集中力）不足」感覺的人是因爲還沒有走到山窮水盡的地步，所以才沒辦法集中心力在學習上。

總而言之，之前的學習累積是「都無所謂！」的。問題在於，你**今後會花多少時間在持續學習的作業上**。也就是說，你要將x的變數增加到什麼程度。

請試著以我建議的方程式計算看看。

一般人都認爲一流大學的學生素質很高，因此假設其a（教材、服務的質）是5。其他的大學則設定爲3。兩者的b（集中力）都是1。目前幾乎沒有任何學習活動的人的x（學習時間）假設是1，每天孜孜不倦地學習的人是10。按照這個方式計算出來的結果，一流大學畢業的人因爲c（過去的學習累積）很多，所以得出的數字是100，而過去幾乎沒有學習過的人則是0。

A　一流大學畢業之後，幾乎不學習的類型。

$y=5\times1\times1^2+100$

B　三流大學畢業之後，每天努力學習三十分鐘的類型。

$y = 3 \times 1 \times 10^2 + 0$

A類型的y（學習的成果）是105。B類型的y則是300。以B類型來看，就算x（學習時間）的值是7，學習成果也有147，也大大**凌駕**了A類型！

希望各位要了解一件事，如果能增加一天的學習時間，則y（學習的成果）就會增加到某種程度。但是，學習**不能**以一百公尺短跑的方式進行。假設一個星期學習五個小時，學習的活動卻戛然而止的話，就完全沒有意義可言了。就像跑馬拉松一樣，持續幾年學習下來，就長期而言，成果將會提升數倍之多。

帶來高度學習成果的最大要素是時間！

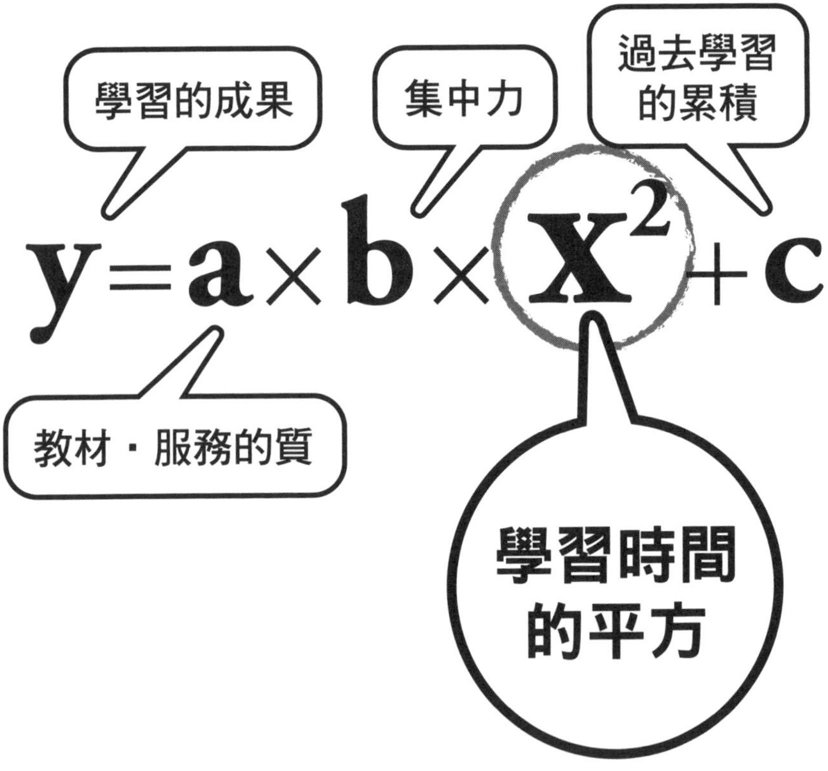

學習法6　何謂致勝的學習戰略？

也就是說，學習的成果是以教材、服務的質的兩成，以及學習量的八成來決定的。簡單地說，學習想要有成果出現，學習量就要占教材、服務的質四倍之多的比重。但是，有很多學習者經常會有這樣的想法「如何以爲數不多的學習量來獲取成果」，企圖實行這種錯誤的方法。所以，當然沒辦法看到期望中的成果。

我深知，增加學習量是最能左右學習成果的一大要素。如果不增加學習量，學習的成果是絕對無法提升的。然而，一般市場上卻充斥著號稱「輕鬆而簡單」的學習方法，尤其在英語學習的領域方面，這種宣傳口號更是氾濫。

相信一定有很多人到外頭的英語會話學校上過課吧？但是，大部分的人卻學不好英語會話。因爲學習量實在是太欠缺了。回頭想想，你是不是忽略自己學習量的八成重要性，而只一味地在意「有沒有好教材、服務」？

學習法7 學習之初如果沒有成果展現呢？

一般人都希望在二至三天之內就看得到學習的成果，但是這幾乎是不可能的事情。舉例來說，你不可能因為只記住二十個英語單字，二至三天之後就可以流利地說英語了。就因為你太過期望即效性的成果，因此會陷入「我不適合學習」這種奇怪的自我厭惡情緒當中。

這是非常重要的一件事，姑且讓我引用一下。《強化記憶力——最新腦部科學發現的記憶機制和訓練方法》作者池谷裕二先生從腦部科學的觀點，將學習和成績之間的關係做如下的說明：

假設目前各位的成績位於一的地方，而學習的目標成績設定在一千。當我們透過學習而提升等級時，成績就上升為二。再繼續努力學習，等級又往上提升一級之後，成績便變成四。於是，只要持續努力下去，成績就會變成八、十六、三十二、六十四，慢慢地顯示出累積的效果。

然而，儘管我們如此努力，目前的成績卻仍然只停留在六十四。和目標一千相較之下，看起來與起始時的成績幾乎沒有什麼改變，都沒有上升的趨勢。因此，許多人在這個時候可能都會開始苦惱起來——「爲什麼我這麼努力地學習，成績卻提升不上來呢？」「也許我眞的沒有才能」等等。再看到擁有一千的成績的人時，大概應該就會有這樣的想法——「我實在比不上人家」「這種人就是所謂的天才吧！」「簡直就是另一種人種」。大部分的人在這個時候都會對自己的欠缺才能感到沮喪，甚至放棄學習。（中略）

然而，如果是一個能夠咬牙度過這一關，繼續努力不懈的人，之後成績就會不斷地上升到一二八、二五六、五一二。事實上，努力到這個階段時，終於就可以看到學習的效果，同時確認自己的努力有了代價。這就是學習和成績的關係的本質。而且只要再多努力一下，成績還會增加到一〇二四，達到目標。只要持續學習，視野就會像大海突然擴展在眼前一樣敞開來，有那麼一瞬間，你會覺得自己變得可以非常清楚每一件事情的本質了。從某方面來說，這種體驗類似「領悟」，這種現象正是學習的累積效果所導致。

學習的成果不會立刻顯現！

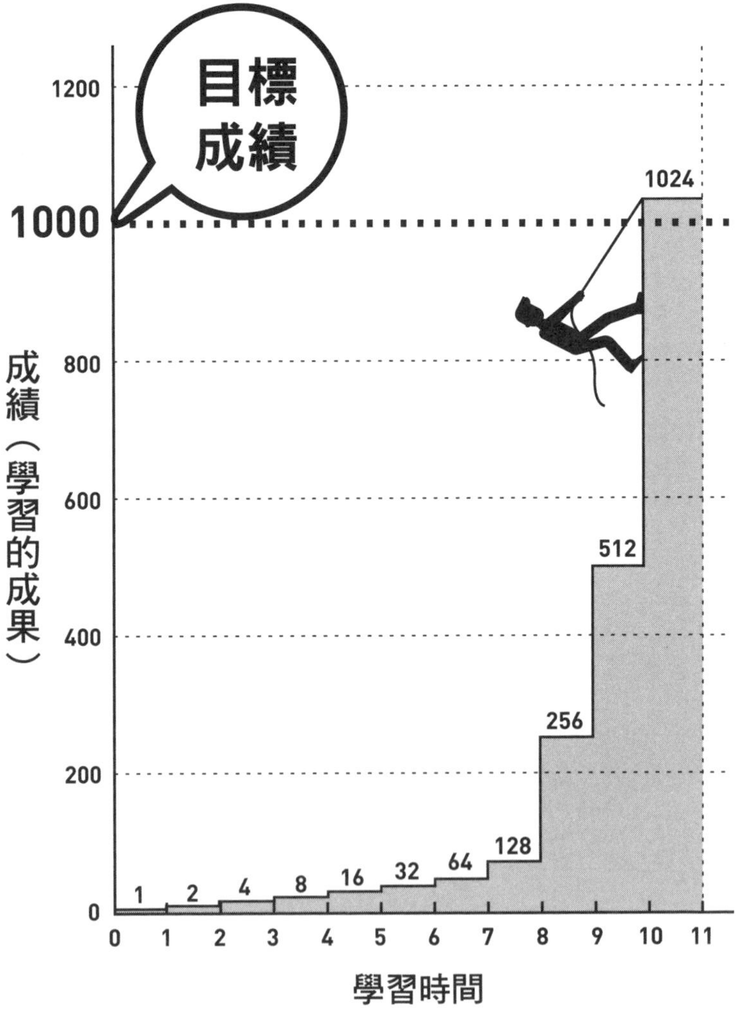

要言之，因爲一般人在離開學校之後就幾乎中斷了學習，因此過去的學習累積是處於極少的狀態。或者，如果你是剛剛開始進行學校或考試之外新的學習活動的人，因爲學習時間不多，因此就彰顯不出時間的累積效果。也就是說，學習的成果並沒有像一次方程式往右上揚的直線一樣不斷攀升。

然而，就如池谷先生所說的，只要持續一陣子，累積效果就會顯現，只要經過一定的時期，學習的成果就會急速展現。時間或許是半年，也或許是一年。最重要的是要了解「學習的成果是不會立刻顯現的」，同時要每天持續學習。

因此，在此刻低空飛行時期，你是否能養成學習的習慣，與你是否能理解學習成果的曲線所代表的意義，同時嚴以自律，持續學習一事息息相關。

很遺憾的是，無法養成學習習慣的人，有大半在這個低空飛行的時期就放棄了學習。

學習法8 如何有效地吸收知識？

請不吝於做自我投資。換言之，請捨得在自己身上花錢。

人如果沒有感覺到眞正的痛楚，永遠都不會去正視問題。你之前之所以沒有吸收到新的知識是因爲你捨不得花錢。一般而言，只要花了錢，每個人都會有「一定要拿回投資的本錢」的想法。根據我長年的經驗，不捨得花錢的人其**吸收知識的能力幾近於零**。

我每年都會參加很多研習會，然而到目前爲止，從來沒有一個研習會讓我產生「早知道就不來參加了」的想法。與其說是研習會的品質問題，不如說我總是抱著「一定要吸收到超越投資金額以上價值的知識或技能」的心態之故。

我不會要求讀者「一年當中請投資幾十萬日圓在研習會上」。但是，明知道有人舉辦了可能對你有幫助的研習會，卻吝於拿出數萬日圓左右的上課費用而不參加，那就等於是**放棄**

了提升你本身水準的機會。

就算有些教材或研習會讓你覺得「好像貴了點」，但是卻可以提升你本身的技能，就應該勇於投資。如此一來，就結果而論，你反而可以更便宜而且更快地學到技能。

舉例來說，假設某電腦研習營一天的收費是一萬日圓，如果你想透過市售的書籍學到參加該研習營一天所能學到的技能，你想那要花上多少錢？

當然，光買一本書是不可能學到什麼技能的，你將需要購買、閱讀好幾本書。與電腦相關的書籍都很昂貴，我們假設一本是二千五百日圓。同時購買兩本就是五千日圓。和一天研習營的差額是五千日圓。另外，你研讀這兩本書要花上幾個小時的時間？而如果書上有看不懂的地方你要問誰？

這麼一盤算下來，你要不要參加研習營的判斷就在於是否有投資這五千日圓差額的價值存在？而不是和一萬日圓比較。如果你懂得考慮到技能學習費、時間節省費、詢問費的問題，應該就可以明白，多付一點差額是有其價值的吧？

與你最切身的自我投資應該就是書籍類吧？我不要求你「買下所有的書」，但是只要有所自覺，如果到圖書館去借書閱讀，知識的吸收率大概只能達到十分之一。因此，就算是中古書也好，建議你盡可能花錢購買。

當我和中小企業經營諮詢師——以少勝多集中突破經營股份有限公司的竹田陽一老師透過電話聯絡時，老師也講了同樣的話：「買教材送給看似有希望的人，他本人也會因爲沒有花到自己的錢，不懂得珍惜，吸收力往往會降到十分之一以下，因此教材必須由當事人花錢購買才行。」

請抱著日後將把你學到的知識傳授給他人的心態學習新事物，這就是有效地吸收知識的訣竅。而當你實際將學到的知識傳授出去時，吸收力就會提升數倍。

學習法 9　自我投資爲何有其必要性？

大學畢業就業時，大學時的成績和研究成果就成了很重要的篩選重點。而在就業後，希望轉調到公司內部的其他部門，或者希望公費留學，甚至在轉換工作時，擁有一張強力的營業成績單是很重要的一環。

你知道這其中有什麼共同點嗎？

那就是，我們**靠著過去數年的累積來獲取現在的收入**。我們靠著大學時的成績、研究成果等過去的累積而獲得就業的機會，然後又靠著工作上的實績這種過去的累積得到新的職位，提高年收入。

也就是說，如果現在不做自我投資的話，就沒有人能保證五年後、十年後，你還可以確保某種程度的收入。因爲現在累積的新知識將會在五年後、十年後才以自我投資的報酬彰顯出來。

舉例來說，目前我之所以能靠英語相關工作獲得收入是因爲從一九九五年開始長達七年的時間，很努力地學習英語的關係。此外我之所以能舉辦各種研習會不過是以前留學美國的自我投資，現在以報酬的形式回收而已。就因爲我認爲這非常重要，因此現在仍然不斷地做自我投資，目標就鎖定在五年後、十年後。

有一種法則叫「2：6：2法則」。這種法則是根基於一個想法——這個世界是由大致區分爲2：6：2比例的人們所構成的。

第一個2是完全無意提升自我，不做自我投資的類型。接下來的6是雖然有心提升自我，但是並沒有採取具體的自我投資的行動，因此實際上也沒有提升任何水準的類型。將這個2和6加起來就是8，這個8構成了整體人類的80%。也就是說，這兩種人就結果而論，幾乎都是沒有進步的類型。是和自我投資無緣的一群人。

或許這符合了「80：20法則」。這個法則本來被稱爲「帕雷托法則」，是經濟學家帕雷托（1848～1923，義大利經濟學家、社會學家）發現的所得分布的經驗法則。也就是說，「八成的銷售額是所有營業人員當中的二成所創造出來的」「商品銷售金額的八成是所有商品品牌當中的二成創造出來的」「工作成果的八成是從所花費總和時間中的二成時間所創造出來的」等等。此法則的重點在於說明，整體經濟數值的大部分是由構成整體當中的一部分要素創造出來的。

只有留在最後的位居上位，2的人們才是屬於每天孜孜不倦地努力，企圖自我提升，不惜自我投資的類型。換言之，這種類型會不斷地自我進化，以期迎接變化快速的時代。如果這個世界有競爭存在，那就代表只有這位居頂端的20％的人們在這20％的人們當中互相競爭。因爲其他的80％根本不足與之競爭。

如果你捨得自我投資，持續保持學習的習慣，此時你就已經位居前20％之列了。如果在這頂端的20％當中，你能進入前50％的話，就意味著你位居整體的頂端10％之內。如果再加把勁，進入前20％的話，就等於是整體的前5％之內了。想躋身頂端5％之內竟是如此出人意料地簡單。

學習法10 我的自我投資經歷

本單元將爲各位陳述我到目前爲止所做過的自我投資。當中或許有些不適合稱爲自我投資，而且公開出來似乎有些難爲情，但是我認爲也許能提供給讀者作爲參考，因此便一五一十地寫下來。

大學畢業前一年，我完全沒有就業的打算，當時接受了就讀大學時對我頗多關照的某教授的建議，想在畢業之後出去遊學一年。可是，我當時還是學生，當然沒什麼錢。爲了籌措遊學的資金，各位知道我做了什麼嗎？在朋友的介紹之下，我開始去當傾倒車的駕駛。

職業司機有兩種：一種是借用公司的車子，當領死薪水的司機來賺錢；另一種則是自行買車，以自營司機的方式工作。

我在升上大四之前就當起司機上班族，半年後靠賺來的錢買了一輛傾倒車，除了每個星期回大學一次之外，其他的時間都用來開傾倒車，賺取自給自足的生活費和遊學資金。

現在不自我投資，5年後、10年後就岌岌可危了！

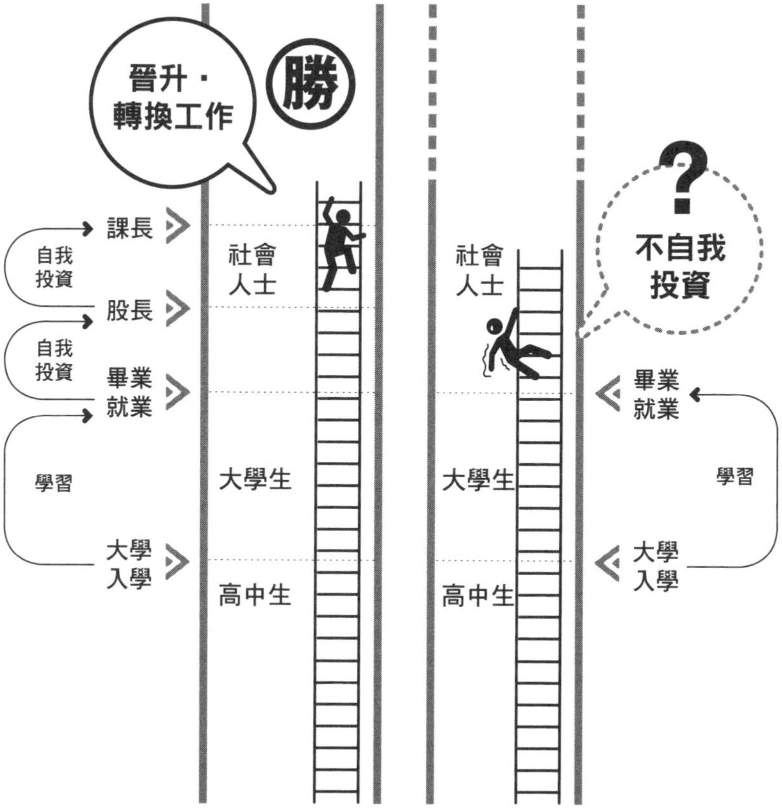

由於這樣的經驗，我有了大客車和聯結車的駕照，因此心中有了某種精神方面的安定感——「就算自己的職場生涯走不下去了，還可以當司機開車賺錢。」

大學畢業之後，仍然持續做這份工作一年，春季時則利用留職制度（邊留職邊在外長期旅遊），前往美國、加拿大遊學。當我在美國閒晃期間，造訪了一位當時在奧勒岡大學留學的朋友。

在請託朋友讓我旁聽他所選修的課程時，看到那些認眞學習的學生，想到在大學時代從來就沒有努力學習過的自己，產生了強烈的意念——總有一天，我要到美國留學，從頭好好努力學習。大約六年之後，終於實現前往美國留學的夢想。

之後前往加拿大，花了大約四十天的時間在加拿大洛磯山露營，同時騎著腳踏車四處遊覽。

當時我對攝影有著濃厚的興趣，在旅行途中還一邊學習攝影，以加拿大洛磯山的風景爲主，拍了一些照片。拍了照片之後寄給在日本的攝影師，請他提供建議。

這些學習拍照及購買相機材料的自我投資，日後有助於我進《讀賣新聞》的攝影部就業。

我以卡加利（加拿大西南部高原城市）爲中心，到語言學校或YMCA的英語學校讀了三個月左右，學了一點英語，約十個月之後回到日本。此時的英語學習經驗成了日後前往美國留學時的基礎。

之後，我參加《讀賣新聞》的就業考試，很幸運地接到了聘用通知。這是我二十六歲五月份的事情。當時我不是學生，而且要到隔年的四月份才開始上班，因此我想這是做長期旅行的絕佳機會，便跟已經工作的弟弟借了些錢，花了六個月的時間，主要在東西歐、中東、中國等地穿梭。

我看到了羅馬尼亞的街頭小孩、巴勒斯坦自治區內加薩（巴勒斯坦西部城市，臨近埃及邊境和地中海）地區的現狀，在中國則看到了上海等沿海地區和西安等內陸地區的經濟差異等。

此時的旅行讓我了解到，生爲日本人是何其幸運的一件事。也體會到在日本只要多加把勁，幾乎任何願望都可以實現的事實。因此，爲了不辜負生爲日本人的大好良機，我因而產生了向新事物挑戰的勇氣。

二十七歲時，開始在《讀賣新聞》擔任攝影記者。在加拿大的拍照活動以及後來自由攝影師的經驗都在此時有了回報。

在到《讀賣新聞》就職之前，有幸認識美聯社的攝影師，當時他給我一個建議：「今後將會是數位攝影的時代，所以要趕快學會數位相機和電腦的使用方法。」

因此，當Windows95上市時，我便立刻自掏腰包購買了電腦，熟練其使用方法。由於這樣的自我投資，在很早的時候就學會了電腦，並成了攝影部內最精通數位攝影採訪的其中一員。

數位相機拍攝照片跟底片相機相較之下，其操作方法並沒有多大差異。問題在後續工作。如果不懂電腦，就沒辦法將照片做影像處理，透過手機或衛星電話，將第一手消息從採訪現場傳送回總公司。

這項因爲投資所得到的技能在一九九七年八月十二日發生的沼津列車意外中發揮了效果。

當天晚上十一時十八分左右，在JR東海的東海道本線沼津車站到片濱車站之間，一輛普通列車追撞上了停車中的貨物列車，造成四十三名乘客受傷。當時我在靜岡分處就職，接到輪値的記者來電：「沼津發生列車意外，立刻過來」。

我跑到分處時已經過了十一時三十分。日報的截稿時間是零時三十分。我心想「一定趕不上了」，但還是火速趕往事故現場。東名高速公路靜岡—沼津交流道之間也有六十公里的距離，距離事故現場應該有七十公里左右。儘管如此，我還是在十一時四十分離開了分處，於零時二十分左右抵達現場。我一路上狂飆的景象應該不難想像。

這時候以前做傾倒車司機時的經驗就發揮效果了。安全而快速地開車技術固然重要，但是在當時衛星導航還不是那麼普及的時代，我憑著以前開車的經驗，光靠著地址就直接抵達目的地。

距離截稿時間只剩十分鐘。

一抵達事故現場，我的心臟就開始狂跳。但是，此時只要一個失誤，就絕對趕不上日報出刊的時間。壓抑住焦躁的情緒，火速用數位相機拍照。

還有五分鐘。

已經不夠時間去架設傳送相片的衛星電話了。我環視四周，看到一家卡拉OK店。「這是緊急事件！」我極力懇求，終於使得店方同意出借電話線路給我。

還剩三分鐘。

因爲已經反覆練習多次，我以非常熟練的手法，快速地將相片資料經過電腦處理，頃刻之間，就順利地將相片電傳回總公司了。

當天的早報刊出了本報社獨家的事故現場的彩色相片。我的自我投資在部門內獲得的評價多少以提升的形式回報了。

此外，從事報導工作的時期多少都會有寫報導的經驗，這對我目前的寫作也有很大的幫助。

寫報導文稿時必須非常細心，不能偏離邏輯性（理論性）。這對促進我的理論性思考能力也有助益。

因此，我自認，現在撰寫超過二百頁的長篇書籍原稿時也鮮少會有偏離邏輯的情況出現。有了這樣的能力，在舉行新研習會的時候也就可以編寫出具有說服力的內容了。

由於報導文稿都要攤在桌面上編輯，這也使得我的日語能力獲得成長。對翻譯工作是相當有幫助的。

因爲要將英語翻譯成日語時，如果日語的修養不夠，就沒辦法譯出讓讀者容易理解的文章。你在閱讀商業用書或與電腦相關的翻譯書籍時，是否看過不易閱讀、難以理解的文章？個中原因都在於譯者的能力未達熟稔的程度。

到《讀賣新聞》工作一陣子之後，前往美國留學的夢想依然久久無法從我的腦海中去除。此時下定了決心「如果三十歲之前沒辦法到美國留學的話，就放棄留學之夢」，開始一步一腳印地學習英語。這個自我投資在四年後以實現美國留學之夢的形式回饋了。

當時本來預計留學兩年，但是爲了徹底學好英語能力，我將留學期間延長爲三年，第一年則把重心放在徹底提升英語能力的這件事情上。

這多出來一年留學時間的自我投資再加上大學時代追加選修的課程，使得我拿到了英語教師的執照，這項投資回饋到我創立翻譯事業、英語指導、經營英語學校上。

此外，我還活用捨得花錢留學的經驗，提供準留學人士留學建議。

在美國取得碩士學位則以回日本再度就業的形式有了報酬。說是企業管理碩士學位（MBA），其實在留學的第二年，我專攻的是經濟和市場等專業領域，以管理資訊系統（MIS）這個與IT相關的學術領域畢業的。因此後來才得以到和之前報導工作截然不同的IT相關風險管理的企業就職。

可是，這家公司裡面都是一些電腦技術人員，我的電腦技能和他們相較之下實在是小巫見大巫。

於是，上司要求我要取得電腦人員的資格。在半不得已的情況下挑戰電腦技能的認證考試，拜此之賜，找到了商機，成立了翻譯事業。也就是說，當時日本的電腦技能相關教材的品質非常低落，因此我是用英語版的參考書進修，因而得以通過考試。於是，我翻譯了這本參考書，也提供給日本的考生使用，作爲本身的一項事業。這項事業到目前爲止仍然在業界當中維持第一的地位。

這個自我投資以創立事業的型態提供了回饋。除此之外，由於我做了留學美國的自我投資，因此現在可以因應需要，提供各種研習會。

而目前，我仍然在持續學習當中。

舉例來說，我在美國學的企業理論是針對大企業的，並沒有學到適合中小企業的實際理論。因此，我一直努力學習讓中小企業在競爭當中存活的訣竅。最近我正在學習 Macintosh 的使用方法，發送 Podcast（播客），編輯教材的影帶等。

以上寫了這麼多我本身的經歷。希望讀者能從我個人的自我投資經歷了解到以下事項：

- 現在的你靠過去的累積獲得收入。
- 曾經自我投資的事項大半都一定會在幾年之後，以超越投資的回報型態回來。
- 今天不自我投資，五年、十年後就岌岌可危了。

整合

●產生「想學習」的意念時，就是學習欲望最高的時期。如果掌握此時期集中精神學習，就可以吸收到數倍於平常效率的知識。

●與其每天學習五小時，只持續一星期，不如每天學習三十分鐘，持續進行五年，效果會有幾十倍的差異。

●三分鐘熱度亦無妨。只要一年當中三分鐘熱度反覆出現個五十次，一年就等於有一百五十天的學習時間。

●學習新知之後一個星期進行複習，兩個星期之後再做第二次的複習，然後一個月之內做第三次的複習，這是最有效率的學習方法。

●y（學習的成果）＝a（教材、服務的質）×b（集中力）×x^2（學習時間）＋c（過去學習的累積）。

●想要有效地吸收知識，就要捨得花錢（自我投資）。不捨得花錢的人其吸收知識的能力幾近於零。

●做了自我投資，幾年後必定會有回饋。

第 2 章

如何騰出學習時間

學習法11 如果少看一點電視，可以騰出兩個月份的時間來？

現在讓我傳授各位一個可以每天簡單地騰出兩個小時的方法吧？方法就是……**不要看電視**。也許有人會怒罵道：「哪有這麼簡單的事！」現在讓我略微詳盡地說明。我問你以下三個問題：

1.持續每天看兩小時的電視，能學到你所想要的技能嗎？
2.常常看電視，五年後、十年後，你能成爲一個能幹的企業人士嗎？
3.之前長年累月地看電視，你學到了什麼技能嗎？

答案應該都是「沒有」。從這三個問題我們就可以清楚地了解到，從電視上得到有益情報的機率是非常低的。當然，有時候我們是可以從自然科學節目或經濟情報節目當中獲得對企業人士有益的資訊。但是，一般人所看的電視節目幾乎都是無任何利益可言的綜藝節目。

食物會變成人類身體的營養，營養的品質會大大地左右身體的成長和健康。同樣地，被輸進人腦的情報會變成營養，而這些情報的質也會嚴重左右一個人的人格和能力。四周的環境，還有被輸進來的情報品質不同，想法就會產生差異。

被輸進大腦的學習項目、對自我投資的想法不同，三十年後、五十年後的人生當然就會產生很大的差異。因此，老是看一些沒有助益的電視節目的人，當然在十年後依然沒辦法做到自我提升。

就當成是被騙好了，請你試著一個星期，不，只要三天不看電視。你會發現，本來應該覺得「好忙、好忙」的，卻突然**閒得無聊**。也就是說，你是處於無事可做的狀態。

如果基於和家人的關係考量，很難將電視機的開關關掉的話，那就利用家人看電視時，閱讀還沒有看過的書或專業書籍。

這就相當於其他的企業人士看著綜藝節目哈哈大笑的時候，你卻爲了琢磨自己的技能而不斷地努力學習。你完全不需要削減睡眠時間，只要把之前騰出來看電視的時間轉換爲自我投資的時間就夠了。

如果能以這種方式把原先用來看電視的兩個小時用在其他活動上的話，你可以將一個小時拿來學習新技能，另一個小時則騰出來和家人共度時光。

也許有人還是會對這種做法產生抗拒感吧？有些人甚至會說「沒看電視就沒辦法生活」。那麼，我們就來算算，到目前爲止，你每年浪費了多少寶貴的人生（時間）吧？如果能夠把事實數值化，一切就不言而喻了。

假設平日每天最少看兩個小時左右的電視吧！一年有五十二週，52週×5天（相當於平日的份量）×2（小時）就等於是五百二十小時。如果星期假日各看五個小時的電視的話，那麼就是52週×2天（相當於星期假日的份量）×5（小時），也有五百二十小時之多。合計是一千零四十小時。另外還要加上年底年初的假日，所以看電視的時間應該還會多一點吧？不過，爲了方便計算，我們就採用這個數值。

如果用二十四（小時）來除，就會發現，你一年當中看掉了四十三**天份**的電視！

也就是說，一直嚷著「好忙、好忙」的你事實上一年當中有將近一個半月的時間是浪費在電視上的。

另外再告訴你一件讓你備受衝擊的事情吧！把一千零四十小時用二十四（小時）來除並不是很實際的算法。因爲，通常一般人一天都會睡上七個小時左右。因此，實際上應該是將一千零四十小時除十七（從二十四小時中扣除睡眠時間所得的數字），所得到的答案是……

六十一天份！也就是說，你一年當中的實質活動時間中大約有兩個月的時間是浪費在電視上的。大約占一年活動時間的17%。換言之，如果不看電視的話，上天會每六年多送給你一年份的人生（時間）當禮物。

這個模式將會持續在你剩餘的人生當中進行。假設你在平均壽命八十歲的時候過世，你認爲會省下幾年份的時間呢？

舉例來說，假設現在三十二歲的人活到八十歲，總共活了四十八年。如果這個人沒有看電視的習慣的話，這個人和習慣看電視過日子的人相較之下，就多出了八年的時間可以使用。因此，就算他在八十歲死亡，事實上就形同是活到八十八歲。

只要不浪費時間在電視上，就完全不需要花錢在營養食品等的健康食品上，實質的人生活動時間可以很簡單地就獲得延伸。

請務必明確地認清這件事情。也許要完全不看電視是很困難的事情，不過，只要將量減掉一半，一年的實質活動時間就可以增加一個月份。

如果把數據數值化的話，應該就很清楚了吧？清楚長期看電視有多麼浪費時間，只要適度地控制看電視的時間，就很容易可以騰出時間來。如果把這些時間拿來從事學習活動，就可以輕而易舉地拉開和勁敵之間的差異了。

如果非看電視不可的話，建議你可以先錄下來，待事後再看。以快速鍵略過廣告的部分，那麼六十分鐘的電視節目大約在四十分鐘之內就可以看完了。我就是用這種方法觀賞商業新聞的。

最近，網路漸漸地取代了電視的角色。因此，就算你關掉電視機的電源，如果在沒有任何意義的情況下持續上網的話，也一樣是一種時間的浪費。網路搜尋或郵件的檢視都要降低到最低限度。

順便告訴各位，我在上班族時期用這種方法騰出時間，除了通勤當中的學習時間之外，回家後每天也騰出三至四小時來學習。我是屬於那種一有電視就非得打開來看不可的類型，因此當時並沒有在家裡放置電視機。

不看電視可以延長壽命?!

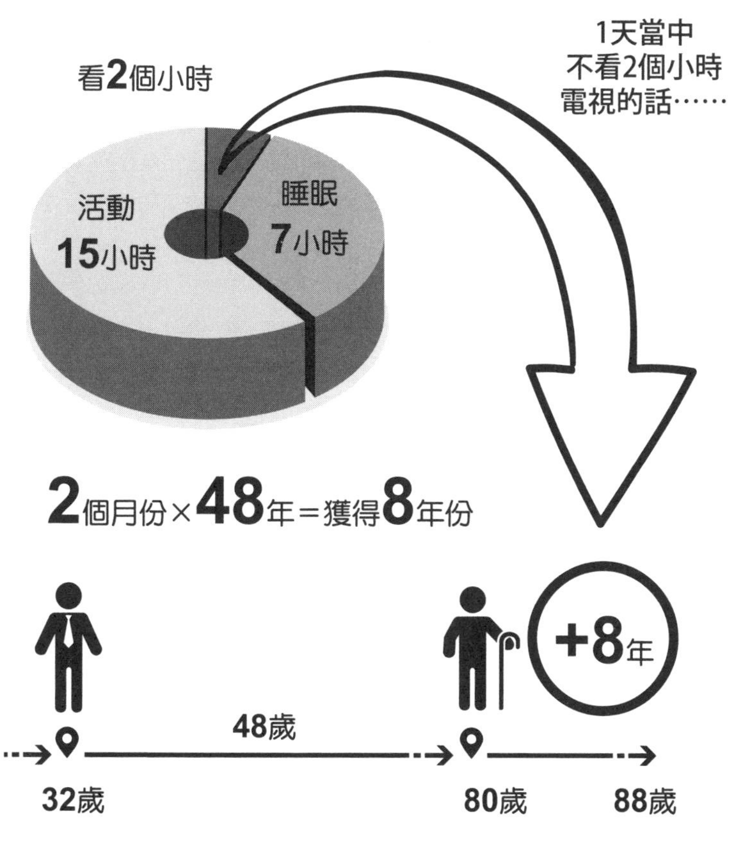
1天當中
不看2個小時
電視的話……
看2個小時
活動
15小時
睡眠
7小時
2個月份×48年＝獲得8年份
+8年
48歲
32歲
80歲
88歲

學習法12 如何在公司裡面騰出學習的時間？

過去我從事報導相關的工作長達四年之久，因此時間算是繃得很緊。之後進了一般的公司就業，我感到十分驚訝，因爲一般的公司職員在工作上幾乎都沒有被時間追著跑的經驗，因此工作的速度非常緩慢。其實只要多用一點心，三個小時的工作只要花上兩個小時就可以解決。多出來的一個小時就可以拿來學習技能了。

因此，各位不妨多努力一下，盡可能早早地將每天的固定業務做完，將多出來的時間用來當學習技能的時間。

通常要是學習與業務相關的事物，同事或上司都不會有什麼怨言。若遇有人心存抗拒時，就在正規上班時間內將固定的工作做完，利用加班的時間再來學習技能。

在報社上班的時期，我自行購買了一台筆記型電腦，一方面練習相片傳送的作業，一方面上網搜尋，尋找報導的資料。當然這是與業務相關的事物，因此從來沒有人有過任何抱怨。

此外，盡量不要把整個午休時間用完。吃午餐頂多只要三十分鐘就可以解決了，剩下的三十分鐘就拿來當學習時間用。要是有「中午時段，餐廳人擠人」這種問題的話，不妨在十一點三十分左右將工作告一段落，趁人潮還不是那麼多的時候去用餐。

但是，若有人還要質疑「有同事在，總不能只有我一個人丟下工作，把時間花在學習上」的話，那就放棄利用午餐時間待在公司騰出時間學習的想法吧。

學習法13 如何使用時間才能拉開和同儕之間的差異？

如果和同事都採取同樣的行動，五年後、十年後就會以和同事一樣的水準結束職場生涯。

如你所知，一個人在公司內部的評價並不是絕對評價，而是相對評價。也就是說，好壞是由你的工作能力比同事好或壞的差異來決定的。當你轉換工作到別的公司時，你和新公司同事的能力差異就決定了一切。

你一直和同事採取同樣的行動，養成同樣的習慣，一定沒想過「五年後、十年後我的水準會要比同事高」這種事吧？

話雖如此，在公司內部，和同事及上司的互動也是非常重要的事情。如果爲了學習，甚至破壞自己在公司內部的人際關係，這將會伴隨高度的風險，因此想要騰出時間學習技能時，要衡量程度的問題再付諸實行。

讓我傳授你快速完成工作的訣竅。你要告訴自己「我要在一個小時之內完成這個工作」，**事先決定工作的處理時間**。

一般的企業人士是不會這樣處理工作的。我在報界工作時，不知不覺當中便學會了在短時間之內做完工作的方式。早報或晚報都有所謂的截稿時間，時間是不容變動的。拜此之賜，我養成了快速完成工作的習慣，如果距離截稿還有三十分鐘，就在三十分鐘之內結束工作，如果只剩十分鐘，就想辦法在十分鐘之內完成工作。

想要提升工作的處理速度，每天工作時就提醒自己要加速處理的速度。這跟訓練是一樣的。表面上看似用了同樣的時間，事實上是在短短的時間內就完成工作，然後利用多出來的時間來學習，因此幾年之內，你的能力就可以很明顯地跟同事拉開差距。

學習法14 如何在自家、公司以外的時間騰出學習時間？

「在家裡孩子很吵，根本沒辦法專心學習」，有這種問題的人一定很多。此時不妨留在公司裡，利用加班時間學習。要不就提早三十分鐘或一個小時到公司去。

優點是你所需要的桌子、椅子、電腦一應俱全。缺點就是有可能會遇到同事或上司冷嘲熱諷。

覺得利用公司的加班時間來學習技能並不妥的人，建議你可以利用餐飲店。只要投資個三百日圓，就可以擁有桌子、椅子、照明。然後使用我們在第8章介紹的耳塞，專注地學習三十分鐘到一個小時。

「每天多花三百日圓。一個月下來也要六千日圓，好貴喔」，也許你會有這種疑慮。但是，一般的上班族想要擁有一張自己的書桌是一件很困難的事情。就算有書桌，如果因爲孩子吵鬧而沒辦法學習的話，那就跟沒書桌是一樣的。因此，請你把到餐飲店支付飲料費當成是**確保時間和場所的費用**。

不妨這樣想吧：「以每個月五千日圓左右的花費，讓自己在住家之外擁有一張活動書桌。」如此一來，即使在住宅或公司之外也可以騰出學習的時間來。

不管是提早上班，或者利用加班時間，一天只要三十分鐘就可以了，請務必讓自己持續學習新技能。我一再提醒讀者，最重要的事情是讓學習活動變成一種習慣，幾乎要每天持續進行。

假設一天學習三十分鐘，一週學習五天，持續一年五十二週的話，一年下來有一百三十個小時；假如一天學習一小時的話，一年就有二百六十個小時的學習時間。一年有一百三十個小時的學習時間就相當於一天學習八小時，持續十六天以上；一年有二百六十個小時的學習時間就等於持續學習一個月以上。

但是，回歸原點，這麼多的學習時間其實都只要一天騰出三十分鐘學習就夠了。只要肯下工夫，上班時間騰出個三十分鐘至一個小時的學習時間應該是可行的。

學習法15 通勤時間的聰明使用方法（搭電車時）

通勤時間應該是很多人的主要學習時間吧？以下我將傳授幾個利用通勤時間學習的訣竅。

首先，**報紙只快速閱讀重點**。也就是說，閱讀報紙時不要花上三十到四十分鐘那麼久。如果你服務於某種特定的行業，而業界又發行業界相關報紙（譬如建築報或金融報等）時，這些報紙反而有更詳盡的相關報導。

此外，如果往反方向移至一個或兩個車站之外的車站，是不是就可以搭上第一班電車？如果可以的話，就算繞個十分鐘的遠路，也最好選擇可以安穩地坐下來的通勤方式。然後安安穩穩地坐在電車內看書。

距離我住家最近的車站早上每十分鐘會發出一班電車，如果在月台上等個十五分鐘，就一定有座位坐。以前我的回程是搭地下鐵東西線經由大手町車站的路線。如果朝著目的地車站反方向往回一站，從竹橋車站上車的話，乘客幾乎都在大手町車站下光了。於是我有九成的機率可以安穩地坐著回家。購買一個月的定期車票時，只要再加上兩百日圓左右，就可以讓乘車區間往前延伸一站。

重要的不是把在車上的時間拿來學習，**重點在於要想出一個，在今天一天和隔天兩天的時間內最能提升學習效率的一種方法**。

舉例來說，當你在回家的車上感覺「有點累」的時候，不妨打個盹兒，回家之後再開始學習，這樣比較能有效地吸收知識。相對地，如果覺得「現在腦袋很清楚」，不妨就利用現有的時間在車上學習，衡量學習的進展，當天晚上就可以提早三十分鐘左右上床睡覺。而因爲你擁有了比平常多三十分鐘的睡眠，就可以儲備明天的活力了。回家後若覺得疲累，不妨提早一個小時上床，隔天早上則提早一小時起床學習。

也就是說，重要的不是學習這個行爲的本身，**在身體狀況良好的狀態下，集中精神有效地吸收知識才是最重要的**。

進行學習活動時，往往會覺得學習這個行爲本身比吸收知識有價値。因此，就算採用的是效率不佳的方法，也會企圖勉強學習下去。因爲，學習的成果並不會立刻顯現，因此一般人只能透過學習的行爲來眞實地感受到「我吸收到了知識」。

如果在通勤的過程中實在沒辦法坐下來時，那就只好站著閱讀商業用書、參考書了。如果每天善用通勤時間，每個月最少應該可以讀完四本書。以單程四十五分鐘的通勤時間而言，每個月就等於有三十三小時（90分鐘×22天），一年大約可以騰出四百小時的學習時間。

在移動當中學習，訣竅就在於減少完全沒有生產性活動的時間。

你在電車上是否既不看書，也不聽語音來學習，只是茫然地瞪著其他乘客看？最近常看到許多上班族玩手機上的電玩遊戲。請減少這種不具生產性的時間，務必把時間拿來作爲學習某項技能使用。「連五分鐘也不能浪費！」如果你抱持這種心態的話，一年當中自然就會產生差異相當大的學習時間。

我在報社服務時，曾經採訪過當時擔任《華盛頓郵報》的日本分社社長湯姆．李德先生。對這位先生善用時間的方式大感佩服。

當我們抵達李德先生的辦公室時，李德先生在我們到達之前一直都在工作。簡單的寒暄之後，採訪的記者說「請讓我們錄下採訪的過程」，開始準備錄音帶。我盤算，在完成錄音的準備工作之前頂多只有十秒鐘的時間，但是此時卻發生了一件讓我大爲嘆服的事情。

因爲李德先生就好像非常珍惜記者做準備的這麼短短一段時間似的，再度把目光落到書桌上，繼續工作。即使只有十秒，他還是不忘工作！要是換成一般人，一定只會呆呆地等那十秒鐘過去吧？

不要說五分鐘了，就連幾秒鐘他都不想浪費掉。這一瞬間，我算是見識到懂得巧妙利用時間的人的習慣。

學習法16 通勤時間的聰明使用方法（開車・徒步時）

開車或徒步通勤期間，請盡量減少聽收音機或音樂，騰出部分用在這上頭的時間做學習使用。

美國市面上販售將書籍朗誦出來的錄音帶或ＣＤ的有聲書。但是目前在日本尚未普及（在作者學習的當年還未普及）。因此，有心學習的人只能自己製作了。

有一種方法是採用類似的方式，舉例來說，假設你想學習英語或增進某種資格的能力。此時你可以用自己的聲音將重要的內容錄進ＩＣ錄音機或數位錄音筆當中，在通勤期間聆聽。據說透過耳朵的記憶比眼睛所得到的記憶更能留在腦海當中。聽自己的聲音可能會讓人覺得有點不好意思，但是反正只有你自己聽得到，所以不必在意。

覺得「錄音太麻煩」的人可以放棄通勤期間的學習機會，要不就是聆聽市售的ＣＤ或錄音帶。我自己在開車的時候都會聽市售的英語會話錄音帶。

我會將英語的 CD 或商用學習教材輸進 iPod 裡面，利用徒步的時間聆聽。聽英語 CD 是爲了避免自己的英語能力下降，而商用教材則主要是學習中小企業的專業知識。即使是前往最近的車站之間這短短的幾分鐘時間，也一定會攜帶 iPod 聽些什麼內容。這種**邊走邊學**的方式和坐在桌子前面學習有所不同，不過也是一種值得利用的學習方法。

此外，利用聲音來學習知識的好處是可以反覆不斷地學習。要我們一般人反覆看同樣一本書十次是不太可能的事情，然而如果**透過聲音的傳遞來聆聽個十次，幾乎不會讓人有任何負擔**。前面也說過，吸收知識的重要訣竅就是定期地反覆學習。

善用聲音就可以將一般非生產性的活動時間轉換爲具有生產性的學習時間。而**邊聽邊學習**就是一種反覆的學習，因此可以說是一種非常有效率的學習方法。

學習法17 如何騰出假日的學習時間？

爲了達成留學的目標而努力學習的那段期間，每當遇到假日，都會學習十個小時以上。但是，一般人除非有取得某種資格等的特別目的，否則在休假日是不需要如此賣力的。

假日期間的學習時間因人而異，一般而言，一天只要能學習個二至三小時就ＯＫ了。休假日是整整休一天的假，因此光看個人做法，在實質活動時間的十七個小時當中應該可以騰出二至三個小時才對。

不要把學習知識想得那麼辛苦。讀讀沒有看過的書也好，主要的意義就是請各位把時間分配給可以提升自己的水準，具有生產性的活動上。

如果目標是騰出二至三個小時來學習，那麼早上晚點起床到下午兩點之前騰出大約一小時的時間，然後到晚上八點之前可以自由運用時間，之後到晚上十點之前再學習一個小時左右，如此一來，就有二至三個小時的學習時間了。

如果與家人同住，就需要和家人的生活作息取得協調。若家中有小小孩，也可以趁孩子醒來之前或就寢之後專心學習吧。

學習法18 建議採用「盡可能早晨學習」的理由

這方面當然也有個別的差異，但是一般而言，早上的學習效率都比較好。

因爲早晨會妨礙學習活動的誘惑比較少。舉例來說，清晨的時段當中，就算打開電視機的電源，也找不到任何有趣的節目。然而，夜晚的時段裡，就會有很多妨礙學習的誘惑，譬如電視、電話、聚餐及其他活動等等。

此外也有些人覺得早晨的時段裡，時間流逝的速度比較慢。

雖然沒有方法證明這種說法，但是根據我長期的學習經驗，也覺得**早晨的時間前進的速度比較慢**。同樣是一個小時，然而早上的一小時足以與晚上的一個半小時到二小時匹敵。因此，如果早上四點半起床，學習或工作個二至三小時的話，當天非處理不可的學習活動或工作大概就可以處理掉大半了。

就抱著被騙的心態試試吧，請在早上早起個四小時左右來學習，看看效果如何。和夜間在同樣的時間之內學習做個比較，你應該就可以體會出學習的進展速度是截然不同的。如果體會到早晨可以有比較高效率學習的話，強烈建議你將生活習慣轉換成早晨型。和夜間型相較之下，時間的使用方法會有效果得多，學習的效率將會大幅提升。

到美國留學的那段期間，我總是晚上十點就寢，每天早上四點半左右起床預習功課。

整合

●如果不看電視，則一年約可騰出兩個月份的時間。

●公司裡面擁有所有學習時需要用到的工具。不妨提早三十分鐘至一個小時到公司去學習。餐飲店也是不錯的學習空間。

●如果把單程四十五分鐘的通勤時間拿來學習知識，則一年大約可以騰出四百小時的學習時間。

●通勤的時間（開車、徒步）裡可以**邊聽邊學**。

●將生活習慣轉換為早晨型，利用早晨學習會比較有效率。

實踐者的心聲

❶

在工作方面，我改變習慣，總是在決定「這個工作要在○小時之內結束」之後再著手進行，而大致上也都可以按照計畫結束。於是我把空出來的時間拿來作為提升技能的時間。每天最少確保有 30 分鐘的學習時間。

長期累積下來，工作上需要的知識在無形中增加了。於是我深刻地體會到，如果不每天試著累積這點點滴滴的知識，就無從體會個中好處。

減少看電視的時間之後，就有了和孩子嬉戲的時間及與家人相處的時間。此外，當有睡意時，我也不勉強學習任何事物。以前晚上做完工作之後，我都會學習一些東西，但是效率其實並不好。

前一天沒能做的學習活動就利用早上在電車當中進行。也許是電車的晃動有一定節奏的關係吧？在電車中學習的效率好像也不錯。此外，我現在也懂得先計畫之後再採取行動了。

東京　A 先生

第3章

如何讓注意力集中

學習法19

「舒爽」是集中精神學習不可或缺的要素

下班回家之後，即便有心學習，但若是全身汗涔涔黏答答，讓人覺得有生理上的不快時，又如何能集中精神學習呢？此時請你先洗個澡，讓自己的生理處於神清氣爽的狀態之後再開始學習。以我的經驗，回家後若覺得兩腳黏呼呼的，就沒辦法集中精神學習，所以多半都會先去洗個腳。

同樣地，處於昏睡或空腹狀態時，也有礙精神的集中。此外，房間的溫度若非適溫，或者噪音超越可以容忍的範圍時，也都不算是可以有效學習的環境。當人置身於這些讓人難以集中精神的狀態之下，學習效率就會極度滑落，因此請多注意去營造一個在生理上覺得舒爽的狀態，讓人可以專注學習的環境。

我是因爲以下這樣的經驗才發現到此項因素的重要性。

我爲了留學而努力學習時，因爲不想浪費任何時間，所以回家後立刻就坐到書桌前開始念書。然而，卻始終難以集中注意力在書本上。「爲什麼會這樣呢？」追究原因，好不容易才找到眞相。那是因爲生理上的不快所致。攝影師是一種肉體相當勞累的工作，因此經常會流很多汗水。

在無法集中精神的狀態下進行效率不佳的學習並不是一種聰明的做法，這種想法在留學期間變成了一種肯定。

因爲我了解到，在「有睡意」等集中力下降的狀態下學習任何事物時，幾乎沒辦法吸收到任何知識。所以實在讓人搞不清楚爲何還要在此時浪費時間和勞力在學習上。

因此，我持續思索著「如何才能有效地吸收知識」這個問題，結果得到了一個結論——「在集中力處於飽和狀態時學習，在集中力降低時應避免學習。」爲達這個目的，營造生理上的「舒爽」就成了不可或缺的要素。

學習法20 集中力大約能持續多久的時間？

人的集中力一般而言都不是能持續很長的時間。

以我的情況來說，**頂多只有三十分鐘**而已。可是，沒有養成學習習慣的人在集中力耗盡之後，仍然會勉強撐著繼續學習。也就是會學習得很勉強。如果長期持續下去，大腦就會把學習這個活動和感覺不好的感情串連在一起。

學習＝勉強、忍耐、不快

就算你很努力地學習，然而這種勉強的學習行為會成為妨礙長期持續學習的重要因素。因為，這是使學習本身變成一件不快之事的重大原因。

大腦的行動模式是非常單純的。

1. 避免痛苦

2. 企圖得到快樂

勉勉強強的學習對大腦而言會成爲一種痛苦。於是大腦爲了避免痛苦，便會釋出**不要**學習的指示，使得學習的活動無法長期持續下去。

順便提醒各位，最能提升效率，集中精神學習的時段是因人而異的（我是建議早晨型）。有人在早晨最能集中精神學習，也有人在深夜學習會有比較好的效率。只要持續學習一段時間，自然就會發現自己在什麼時段可以學習得最順利。如此一來，就可以擬定計畫，安排在該時段學習。而在效率低落的時段則避免學習，拿來作爲本身的自由活動時間，或者從事一些不需要太多集中力的事情。

我個人的時間，假日下午一點到五點之間的這個時段是完全沒有學習意念的。

學習法21 有效的休息方法

爲了避免讓大腦產生「學習＝痛苦」的關連性，定期的休息是很重要的。我的經驗是在學習三十分鐘之後休息十五分鐘，以這種模式反覆進行。時間上有個別的差異，因此學習十五分鐘再休息十五分鐘也無所謂。對於那些第一次眞正想要養成學習習慣的人而言，學習十五分鐘，然後休息四十五分鐘也無所謂。要言之，以比較短時間的「學習→休息」的循環模式爲一回合，反覆進行二至三回合的話，就可以很簡單地完成一至二小時的學習。也就是說，在**集中力耗盡，開始不想學習之前暫時中斷學習**是成功的訣竅所在。

這一點非常重要，所以我要稍微強調。

如果對學習活動這件事本身產生排斥感，那麼想持續踏實地學習長達數年就是不可能的事情了。如何避免這種情況產生，在集中力飽和時一口氣徹底學習，開始產生排斥感時就戛然而止，這是養成長年持續學習習慣的訣竅。不要在產生排斥感之後才休息，**要在之前就喊停**。

按照個人步調反覆進行
學習＋休息＝1回合的模式！

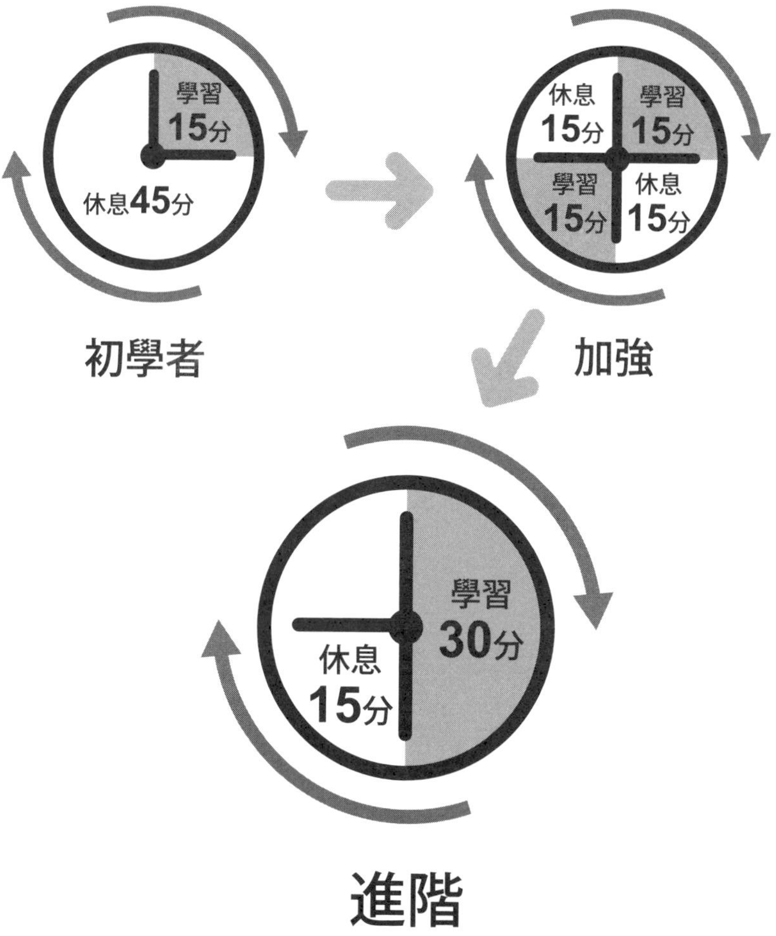

為什麼我會注意到這件事呢？

大學的課程通常都是一堂課九十分鐘。因此，當時認為，能夠集中精神九十分鐘左右是理所當然的，為了能留學而孜孜不倦地努力。然而，不論再怎麼認真，始終沒辦法集中精神學習三十分鐘以上。一開始，對自己無法長時間集中精神一事感到焦躁。

然而，有一次突然醒悟了──「會不會人的集中力本來就沒辦法持續那麼長的時間？」於是一再嘗試錯誤之餘，終於了解到這個想法是正確的。

自己了解到，反覆「三十分鐘學習→十五分鐘休息」的模式比勉強學習一個小時，然後整個人累癱，休息三十分鐘，更能減少在重新開始學習時的疲勞度。而且幾乎沒有「學習＝痛苦、厭惡」的感情。

道理很簡單。就算是多少有點麻煩的作業，如果只進行十五分鐘至三十分鐘，要持續不間斷是有可能做到的。然而，一想到這個作業要持續進行幾個小時之久的話，只怕一開始就沒有學習的意念了。

登山家野口健先生曾經在電視節目中說過「登山時的訣竅就是頻繁地做短暫的休息」。也就是說，在感到疲累之前就休息，可以讓登山活動長時間持續下去。兩者的道理是完全一樣的。

學習法22 令人意外的休息時間使用法

我總是在休息時間閱讀想要看的書籍。也許有人會質疑：「休息時間看書不是讓大腦沒有休息的時間了嗎？」然而，只要學習的科目不一樣，或者輸進去的情報種類不同，人所使用的大腦部位就會不一樣。

簡單來說，當你對學數學感到厭煩時，那只代表你對學習數學一事感到厭煩，而不是對學習這件事本身產生排斥。只要變換一下學習的科目，改學文科方面的知識，就可以讓學習活動順利地持續下去。我是在學習某件事的休息時間閱讀書籍，因此，學習和讀書的效率都有飛躍性的成長。

聽說某位兼職作家有兩張書桌。一張桌子專門用來寫小說，待文思枯竭之時（厭膩之時），就坐到另一張桌子前面，做別的工作。如果又感到厭膩了，就再回到當初的那張桌子，繼續小說的創作活動。只要輸入和輸出的情報種類不相同，大腦就不會感到疲累，此例就是最佳明證。

因此，就當是一種嘗試吧，請你在休息時間閱讀還沒有看過的書籍大約十五分鐘。只要有效地活用兩段學習活動之間的休息時間，本來一個月只能看一至兩本的書在頃刻之間就可以看完了。如此一來，你就再也沒有藉口說「我忙得沒有空看書」了。

在美國留學期間，休息時間會閱讀從日本帶去的司馬遼太郎所寫的書。置身於英語生活圈當中，這是可以讓我暫時鬆一口氣的時間。

學習法23 持續長時間學習的訣竅

看過前一單元的說明，或許有人會解讀成「只要改變學習的科目，就可以毫不厭倦地持續學習幾個小時之久」。然而，事實上，如果持續學習幾個小時，也會讓人對學習本身產生厭膩感。根據我的經驗，一般人對學習活動產生厭膩的原因有以下三種：

1. 對學習同樣的科目感到厭倦
2. 對在同樣的場所學習感到厭倦
3. 基於以上兩種理由而感到厭倦

當你開始有「集中力下降」或「產生厭膩」的感覺時，**請立刻停止學習**。

如果仍然勉強持續學習的話，根本沒辦法吸收知識。而且還會造成「學習＝痛苦」和大腦產生關連的因素，也可能成爲對學習活動本身感到排斥的原因。以下傳授各位適當的處理方法。

以「對學習同樣的科目感到厭倦」一事，就如同我們在前面提到的，只要另外去學習其他的科目就可以了。至於「對在同樣的場所學習感到厭倦」或「基於以上兩種理由」這兩點，如果你住在大房子的話，換一間房間來學習也是方法之一。

我會選擇到餐飲店或平價餐廳、圖書館。點一杯三百日圓左右的飲料，戴上耳塞，在那邊學習一個小時左右。一個小時之後，又會開始對在那個場所學習感到厭倦了。此時就立刻停止學習，再換一家餐飲店或平價餐廳。然後又在那個地方學習一個小時左右。如此一來，就可以很簡單地學習一至兩個小時了。

「又要花錢了？」也許有人會提出這種質疑。但是，與其在自己家裡勉強進行效率不佳的學習，或者中斷學習，不如投資個三百日圓左右就可以讓學習活動有所進展，這樣不是符合經濟效益得多嗎？

這種情況就等於是爲了透過學習以獲得吸收某種新知識的成果，而付錢給餐飲店或平價餐廳。

如果從大腦科學的觀點來說明的話，「對學習感到厭倦」或許就是大腦發出的重要訊息。人體的構造是非常複雜的。再怎麼喜歡吃蛋糕，一旦攝取過度，血糖值就會大幅上升，到某個臨界點就不會想再吃了。而當我們長時間泡澡，導致體溫上升過度時，就會想要離開浴缸。

同樣地，對學習感到厭倦一定是大腦發出了重要的訊息。代表「如果再塞進更多的情報，大腦也沒辦法整理，請停止學習」。因此，請側耳傾聽來自大腦的訊息，一旦開始感到厭倦了，就要立刻停止學習，這才是聰明的學習方法。

學習法24 心情不對的時候該如何處理？

長期持續學習一段時間之後，最後一定會碰到「最近沒有學習的意念」或「心情不對」的瓶頸時期。這種現象是任何人都會發生的，所以請不用擔心。

當我爲了達到留學的目標而努力學習的期間，連假日也持續學習十個小時之久，好一陣子之後，某一天突然興起了「不想再學習了」「沒有學習意念」的念頭。

遇到這種狀況發生的時候，很多人仍然會勉強持續學習下去。然而，事實上此時你根本沒辦法集中精神在上頭，因此知識的吸收率就變得非常差。

此時，建議你下定決心，二至三天之內完全不要從事任何學習的活動。如此一來，到了第三至四天，你就會產生「最近都沒有學習，恐怕沒辦法達成中期目標，情況不妙了」的焦躁情緒，這時候你就可以重新再開始學習了。

請想像一下時鐘的鐘擺。

假設現在你非常努力地學習，就如鐘擺處於九點的狀態。然後再一口氣將鐘擺甩到三點的狀態。此時你完全中止學習的活動，去看看電影或者吃吃美食。當你遠離學習一陣子之後，很不可思議的是，明確擬定學習計畫和目標的人很自然地就會又產生學習的意念。

也就是說，把鐘擺置於三點的狀態，營造一個遠離學習活動的環境時，根據「鐘擺原理」，鐘擺就會重新回到九點的狀態，再度產生學習的意念。

然而，許多人在心情不對的時候，因爲擔心學習進度延誤，便把鐘擺置於五點左右的半吊子狀態，企圖先休息。然而，這樣的做法卻始終沒辦法醞釀出重新學習的情緒。就算眞正重新開始學習的時機到來，也會是在勉勉強強的狀況下開始學習。這是我個人的經驗，因此本人非常了解。

另一方面，若把鐘擺甩動到三點的狀態時，內心的某個地方便會因爲學習活動中斷，對延遲了學習計畫產生焦躁的情緒，因此便能懷著眞誠的心情再度開始學習。

心情不對的時候，就徹底地停止學習！

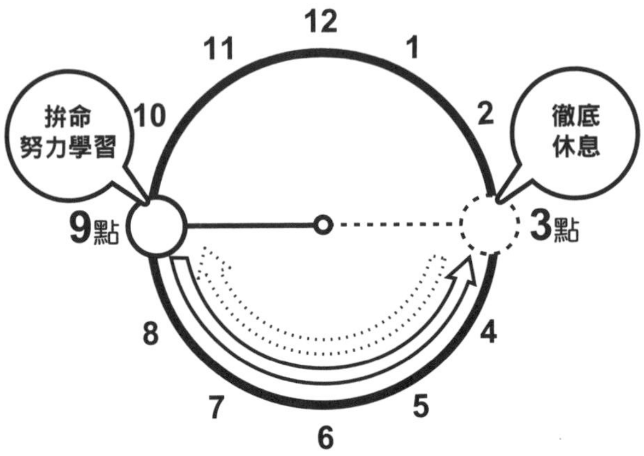

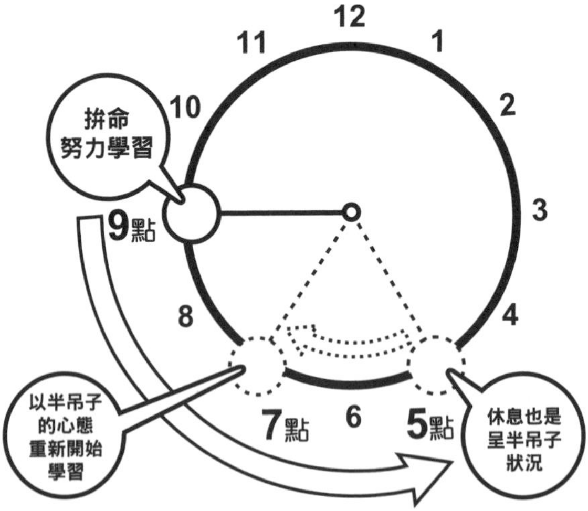

整合

- 以「短時間學習（三十分鐘）→休息（十五分鐘）」的循環為一回合，反覆進行二至三回合是最基本的模式。在集中力耗盡，開始排斥學習之前就中斷學習的活動是訣竅所在。
- 持續長時間的學習，開始產生「集中力下降」「厭倦感」時，就要立刻停止學習。
- 持續長時間的學習，碰上「最近沒有學習的意念」或「心情不對」的時期時，就連續二至三天完全停止學習的活動。計畫或目標明確的人基於「鐘擺原理」，自然就會再度湧起學習的意念。

第4章

短期集中型・長期計畫型的學習法

學習法25 短期集中型學習的訣竅爲何？

有些人基於時間迫在眉睫的資格考試等目的，不能每天一點一滴累積學習效果，而必須採用短期集中型的模式來學習。我再度就職之後，就曾面臨必須在二至三個月之內取得電腦技能資格的狀況。

此時最重要的一件事是千萬不能等時間迫在眉睫之後才開始採取行動，必須及早就開始學習。舉例來說，假使十二月份有一個資格考試，一般人非得等到考試之前的三個月前，也就是九月份左右才開始用功。可是，這樣的心理機制本身就已經通不過考試了。如果因爲準備不夠充足而沒有通過考試，就必須繼續學習直到考過爲止。

因此，儘早開始準備，而且一次就通過考試，就整體的考試學習時間而言就可以減少許多。

如果短期間之內非得要有一個結果產生的話，每天學習一點點的方法並不會有什麼效果。平日的學習量最少也要超過三個小時，假日也要超過八小時，如此一來，才能在短期間之內看到好的結果。短期集中型學習的訣竅就是把個人的活動只集中於學習對策上。

反過來說，你一定要極力省略其他的一切活動。看報跟學習對策沒有什麼關係，可以予以省略；和同事的聚餐也盡量排除。當然電視是絕對不能看的。你要把因此而節省下來的時間都集中在學習對策上。

當然偶爾喘口氣是必要的，然而學習的態度若沒有如此積極，就很難期望在短期間之內有好結果產生。

不管是通勤的時候或者休假的期間，請依照之前說明的做法來有效地學習。當然難免會有覺得麻煩的時候。可是話又說回來，在這個世界上有哪一種評價極高的資格是「可以簡單取得的資格」呢？就因爲不容易取得，所以在取得資格時，才有不同凡響的價值和喜悅，不是嗎？

學習法26 轉變爲短期集中型而導致失敗的理由何在？

我目前從事的工作性質，是針對將來預定要出國留學的社會人士提供留學的戰略諮詢。偶爾會遇到這樣的人。

當我建議學生「請儘早開始蒐集留學資訊和擬定學習對策」時，結果得到的回答是：「不，我在最後關頭時才能集中精神學習。」每次聽到這種答案，心裡都不禁在想：「這個人就算留得了學，最後也是鎩羽而歸的類型。」

這種類型的人完全錯把留學當成日本的大學考試或其他的考試。就算在TOEFL等的考試中通過了目標分數而接到合格通知，請問，他要到什麼時候才學得到英語會話等實務技能的英語能力？

我想要說的重點是：

前面已經提到過，對學習成果影響最鉅的要素是時間。然而，這種類型的人卻刻意浪費寶貴的時間，甚至還說「到最後關頭才能集中精神。」這種人爲什麼不跟時間站在同一邊呢？

換言之，既然一樣都要有學習對策，那爲什麼不儘早開始行動，以提升成功的機率呢？這眞是很不可思議的事情。

我們在前一個單元也提到過，如果因爲準備不夠充足而沒有通過考試，那麼學習對策就會超乎預期地拖得很長，而實現留學美夢的時間也將往後延宕數年。最壞的狀況可能連取得資格或留學的目標都沒辦法實現了。結果，蒙受不利的只有自己。

如果拿短期集中型學習和後面要說明的長期計畫型學習來相互比較的話，以學習期間的麻煩程度而言，短期集中型學習當然在體力上是耗損比較多的，實行起來會比較辛苦。有時候甚至要削減睡眠時間。

因此，兩相比較之下，如果有時間可以採用長期計畫型學習方式的話，就請儘早開始準備，以提升及格機率。雖然有足夠的時間，但是非得等時間迫在眉睫才採用短期集中型學習的話，及格的機率就會明顯地下降，我並不建議。

學習法27 讓我留學之行成功的長期計畫型學習法

長期計畫型學習和短期集中型學習的方法是不一樣的。短期集中型因爲時間有限，因此無論如何，一天當中的學習時間不得不盡可能地拉長。當然有時候會因此造成精神上和肉體上的負擔。

另一方面，長期計畫型學習的訣竅則是**將學習量降到「以一天的學習量來說會不會太少了一點」的程度，然後幾乎每天持續進行**。

這是根據自己親身的體驗而領悟到的訣竅。

我開始進行留學準備之初，因爲有一個目標「三十歲之前一定要實現留學夢」而感到焦躁，因此總是拉長一天當中的學習量。然而，這樣緊迫的學習模式持續了四至五天之後，睡眠不足，開始出現了負面影響，之後的二至三天，完全提不起勁來念書。這樣的情況反覆多次之後，了解到自己的學習沒有什麼進展，因而感到極度沮喪。

在重複這樣的失敗多次之後，某天突然醒悟——「減少一天中的學習量，然後持續每天進行應該會比較有效率吧？」於是試著做了一個簡單的計算。

假設每天學習四小時。一星期持續四天之後，感到極度疲累，之後三天完全沒有學習的意念，如此一來，一週相當於學習十六個小時。另一方面，如果把一天的學習時間減少一個小時，變成三小時，一週學習六天的話，那麼一週下來就有十八個小時，如果一週學習七天的話，甚至有二十一個小時。

我因而了解到，在不造成自己精神和肉體負擔的狀況下，每天持續孜孜不倦地學習，就結果而言，這樣反而能增加學習的蓄積量。於是我每天減少一點學習的時間，不造成自己任何負擔，另一方面則盡可能持續長期的學習。

要言之，就是讓學習時間平均化。另外，學習的計畫也修正爲體恤自己的計畫模式，這部分容後說明。

前面提到過，如果時間上有可以變更爲長期計畫型學習的餘裕，那麼最好是不要採用短期集中型學習。長期計畫型學習的優點是藉著每天減少學習量，一方面可以削減每天的負擔，一方面可以長期持續學習，以提升及格和達成目標的機率，是效率比較好的學習法。

順便告訴各位讀者，我鮮少將執筆寫作的活動集中在一起。對於長期計畫型學習法也運用在寫作上，每天只寫一頁份的文稿。雖然每天只寫一頁，但是一年當中如果持續個二百五十天，就可以寫出二百五十頁的文稿。目前我也用這種方法持續寫文稿和序文。

學習法28 學習期間無法避免的感情因素

許多人因爲難以忍受這種感情，因而沒辦法持續做長達數個月以至於數年的學習。這種感情究竟是什麼？

那就是孤獨感。學習活動通常都是一個人集中精神進行的。雖然有些學習活動是可以和同伴愉快地一起進行，但是這種機率非常低，大致上都是獨自一人爲之。否則就沒有辦法集中精神吸收知識了。

不只是學習，從事創作活動也一樣，如果不獨自一人集中精神進行，往往就做不出好作品來。作家司馬遼太郎和藝術家巴勃羅．畢卡索應該不是跟朋友們一邊熱鬧地聊天一邊從事創作活動的。

進行短期集中型或長期計畫型學習時，一人獨處的時間必然就會增加，因此這種感情在某種程度上是無法避免的。就算四周有加油鼓勵的人，在學習的過程中還是很孤獨的。因此，如果你擬定某個崇高的目標，開始從事學習活動的話，最好要先有心理準備，了解在過程中或多或少都會體驗到這種感情。

我也經歷過這種感覺。爲了一償留學美夢而持續學習的四年是如此，留學時代的三年當中亦是如此。有趣的是，當你集中精神在學習時是不會產生這種感覺的，然而在學習活動前後的休息時間喘口氣的時候，這種感情就會油然而生。

這種感情要如何應對？那就是明確自己學習的理由，清楚設定自己的目標。只要能明確擁有取得資格或留學等的目標，就有讓自己咬緊牙關，妥善處理這種感情的動力存在。

這種說法也許讓人覺得太過冷漠，不過如果實在無法抗拒這種感情的話，大可以放下學習的活動，呼朋引伴玩樂去。**沒有人會要求已經從學校畢業的你「請努力念書」**。因爲這終究是一種自主性的學習。

整合

●想要短期之內就有結果出現時，不要等時間迫在眉睫才有所行動，要儘早開始學習。

●短期學習期間只能將精神集中在學習對策的活動上。極力省略與學習對策無關的活動。平日要學習三小時以上，假日則要八小時以上。

●採用長期計畫型時，要將學習量控制在「以一天的學習量而言會不會太少了一點」的程度，幾乎每天持續進行，這是訣竅所在。就結果而言，學習的蓄積量會增加。

●學習期間是很孤獨的。要能忍受孤獨，就要明確設定學習的目的。

實踐者的心聲 ❷

我打算考某項資格考（一邊工作一邊進行），雖然持續埋頭苦幹了 2 個月，但是在失敗一次之後便再也爬不起來，後來也是一次又一次地慘遭滑鐵盧。儘管如此，我的知識還是得以累積下來，成績一點一點慢慢地進步，然而我卻不引以為傲。

我讀了好幾本與資格考相關的「激勵書」。

書上寫著「懷抱堅強的意識，持續努力」「明確地賦予學習一個動機」等等，但是實際進行起來卻莫名地老是無法如願。書中有很多部分是值得參考的，然而卻總是覺得好像遺漏了什麼重要的東西。

於是我看了《不做輸家的學習法》，結果找到了之前遺漏的那一部分。書中具體地寫著「寫出今天應該做的事情，放在可以看到的地方」「三分鐘熱度不是壞事。第五天就得要提起精神學習」等等。而且陳述的內容是以沒有學習習慣的人為前提來記述的，讓我獲益良多。

仔細想想，我所看過的書都是以「已經養成學習習慣的人」為前提。某種程度缺少了適合上萬人依循的「讓學習變成一種習慣的方法論」。但是，在《不做輸家的學習法》當中，有一段文章提到「沒有學習習慣的人會失敗是理所當然的事，先從小事開始再擴及大事，以避免立刻中斷學習」，非常值得參考。因為我的最大疑問就是「如何可以讓學習活動習慣化」。

最重要的事情不是腦筋的好壞，而是使學習活動習慣化，決定目標，每天孜孜不倦地進行。以前從來沒有任何人告訴我這個觀念。就算有，也是說得非常抽象，根本沒有參考的價值。即便想一鼓作氣從事某件事情，往往都會再度慘遭失敗，因此我認為每天一步一腳印學習才是正確的。（摘取部分文章）

愛知　W 先生

第5章

爲眞正想學好英語的人設計的英語學習法

學習法29 雖然持續學習英語，然而……

一直在學習的人應該有很多人是持續在學習英語吧？尤其是近年來有很多和海外企業合併或合作的案例，因此英語能力的需求不斷地增加。然而，嚴苛的現實狀況是，有大部分長年持續學習英語的人，卻因爲始終無法學到自己所希望的英語能力而苦惱不已。

我也曾經跟各位一樣，在學英語的過程中遭遇非常困擾的經驗。雖然在日本國內的 TOEFL 考試中獲得高分，然而越洋前往美國留學時卻深刻地了解到自己的英語能力有多不足。

看電視節目或聽新聞時，頂多只能了解一半左右的內容而已。用英語與人交談，卻沒辦法讓對方了解自己的意思。閱讀英語報紙時，卻連一點點的內容都沒辦法理解……

累積多次這種痛苦的經驗之後，我將以前爲了參加 TOEFL 等英語考試而做的學習，改變成爲了學習能夠在日常生活當中使用的英語而努力。

結果，一段時間之後，開始可以完全了解電視節目和新聞播報的內容了，而且幾乎可以百分百地以英語與人對話。甚至可以閱讀一些多少需要專業知識的英文經濟雜誌。

而且在回國之後第一次參加 TOEIC 考試時，獲得了九百八十分的高分。目前經營英語學校，是日本國內少數可以指導英語發音的日本人之一。

詳情請參考前一本拙作《沒有上英語會話學校的人越能學得好》（鑽石社），不過我想在本章中提出一些簡單的建議：

1. 學不好英語的原因
2. 解決方法

學習法30 爲何學不好英語？（之1）

偏離學習英語的本質。

英語的學習領域各有不同，一般的概念大概就是「學習英語＝英語會話」吧？然而，我相信有大半的人都有相同的疑問——「自認持續努力學習英語會話，可是卻始終無法說流利的英語。」個中原因之一就是**偏離學習的本質**。

在說明學習本質的錯誤時，我經常拿釣魚來比喻。

請想像你在釣魚。當你在釣魚時，必須注意到的事情就是你鎖定的魚生活的「棚」。所謂的「棚」就是當天魚群生息的水深。爲了能夠在水溫舒適的地方游泳，魚群每天生息的水深是不一樣的。

舉例來說，如果當天的室外溫度低的話，水溫也會跟著下降，因此有些魚會在水溫比較高，靠近水面，深度一公尺±二十五公分左右的地方游水。這些魚所活動的領域寬度±五十公分左右的生息區域便叫做「棚」。而如果當天的室外氣溫比較高的話，水溫也會跟著上升，魚群便會在水深三公尺±二十五公分左右的地方活動。

因此，如果當天你想釣的魚明明在水深三公尺處的棚活動，你卻將魚餌垂放在一公尺左右的地方，那當然是絕對釣不到魚的。你釣不到魚並不是水中沒有魚，而是你垂放魚餌的棚有所偏離之故。

同樣的，學習英語的人有大半就像釣魚一樣，偏離了學習的棚。不是「無論你再怎麼努力學英語會話，卻始終得不到理想的效果」，而是你沒有掌握自己偏離了必要的學習英語的本質，這是學不好英語會話的原因之一。

參加高中或大學考試，或者參加TOEIC、英文檢定考試的英文都算是比較高階的英語。簡言之，就是有一點難度的英語。譬如，abandon ＝「拋棄」或 postpone ＝「延期」。

另一方面，當地人們在日常會話中所使用的英語都是**簡單得多的英語**。他們使用將 be

動詞、take、make 等的簡單單字組合而成的詞組來進行會話。

就算你背了一大堆英文單字或片語，就算你重新複習英文文法，你還是沒辦法說好英語會話。即便你在 TOEIC、TOEFL、英檢當中考得高分，你還是沒辦法在現場說流利的英語。這是理所當然的事情。因爲學習的本質完全偏離了。

當地人幾乎都不使用這種帶有難度的方式或者採用冗長乏味的說法、困難的單字。學習英語的人卻有大半都在學習這些他們從不使用的英語。

我的狀況也一樣。TOEFL 的分數很高，但是在當地卻完全派不上用場。過了一段時間之後，發現到這個狀況，遂改變了學習英語的本質。對一個初學者而言，也許甚至都還無法理解本質錯誤這件事本身是什麼意思。因爲，只有自己的英語程度提升之後才能分辨這種本質上的差異。

這跟鑑定能力是一樣的。舉例來說，除非是品酒到某種程度的人，否則是無法鑑定出葡萄酒的好壞的。

我學習英語的時間恐怕比大部分的讀者都還要久，因此非常清楚什麼程度的英語學習者該學習什麼本質的英語最能提升成果。然而，大部分的初學者和中級者都不清楚這一點，因此英語學得再久，卻始終得不到預期的效果。

「學習的本質偏離」和
釣不到魚是一樣的！

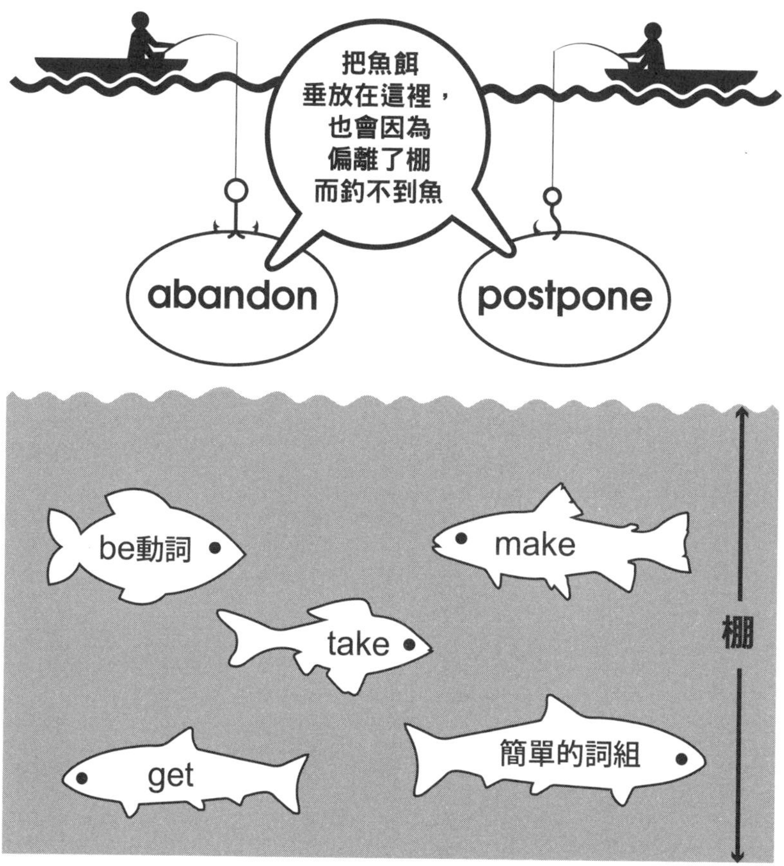

學習法31 為何學不好英語？（之2）

學習量明顯地不足。

很多來找我諮詢的人都抱怨：「到一對一的英語會話學校讀了一年多，可是英語會話卻始終學不好」。然而，在仔細聽過這些人的描述之後，發現不管是一對一也好，本土的講師也罷，甚或是昂貴的學校也一樣，學生之所以沒辦法提升程度的理由都很明顯。那就是當事人的**英語學習量明顯地不足**。

我問學生：「在那所學校是以什麼步調學習英語會話的？」得到的回答通常是：「一星期一次，一次大約四十分鐘。」我再問：「除了在英語會話學校之外，可曾學習英語會話？」幾乎所有人都回答「沒有」。以這樣的學習量想要能說好英語會話，這種觀念本身就是錯誤的。因為你幾乎等於沒有在學習英語。

讓我們來實際計算一下吧。

如果以一星期上一次課，一次四十分鐘的步調學個一年（五十二週）的話，你認爲能學到多少英語？答案是：**只有三十四個小時**。以這種程度的學習量就想要提升英語會話，你不覺得這件事本身就是不可能的嗎？

也許這種說法很冒昧，不過一年才三十四個小時的輸入量根本不能算是「學習」，終歸只是一個遊戲罷了。根據我爲數眾多的英語學習諮詢的經驗，自稱「學習英語」的人們約有八成只能算是英語遊戲學習者。這些人不是眞正在學習英語，而只是把英語當成一種時尚在接觸。

後面會有詳盡的說明，想要在一至三年這種比較短期的時間之內看到成果，一年至少也要有七百五十個小時的學習時間。

學習法32 爲眞正想學好英語的人設計的學習法

會話篇

爲了避免弄錯學習的本質，我強烈地建議學習者在英語會話方面，將當地人經常使用的**詞組整個背誦下來**。

說到背誦，可能有很多人會持否定態度吧？然而，如果不記得基本的詞組，就不可能以英語進行會話。

會話說不好有其一定的原因。

那就是習慣在腦海中把自己想說的日語譯成英語，或者把聽到的話從英語譯成日語。也就是說，你在短短數秒鐘的會話期間，就在腦海中進行翻譯的作業。這麼一來，就往往**跟不上會話的速度**。

解決之道，唯有背誦一般人經常使用的基本詞組。

只要背下基本詞組，你想表達的詞組就會跳過日語→英語的英譯作業，直接脫口而出。只要記住一次，接下來的工作就只是如何運用的問題了。

舉例來說，如果把「我跟那件事沒有關係」的詞背誦爲 I have nothing to do with it.，就會記得 I have nothing to do with ～，自然而然就可以很流利地說出來。

因此，當你想說「我跟那件意外沒有關係」時，只要把最後的 it 變成 the accident 就可以了。這麼一來，你就可以在瞬間說出 I have nothing to do with the accident. 了。

反過來說，沒有背下這些基本詞組的初學者會面臨什麼樣的狀況呢？

1.「我跟那件意外沒有關係」的日文會浮上腦海
2.思索相符的單字
3.思考詞組的句型
4.用英語說出來

這種人就必須先進行上述如此麻煩的作業。

因此，從在腦海中拚命思索單字和句子結構到說出口爲止就要花上四至五秒的時間，最壞的情況是根本就沒辦法用英語表達自己想說的話。

那麼，在什麼地方才能看、聽當地人經常使用的詞組呢？建議讀者觀賞一個叫ＨＢＯ的電影、電視劇頻道。因爲我學會英語會話就是在留學期間經常收看這個頻道，徹底地學習他們大量使用的基本詞組。

舉例來說，你了解 She's really into it. 是什麼意思嗎？意思就是「她沉溺於其中」。

一般人在英語會話當中之所以受挫的一個重大原因就是在聽到詞組時，會經常遇到單字和文法明明很簡單，卻無法掌握個中意義的詞組之故。這就是偏離學習的棚，也就是偏離學習本質的證據。

如果你只是一味地學習大學考試或 TOEIC、TOEFL、英檢等高程度英語的話，對這種詞組幾乎就沒轍了。而如果你學不會，當然就沒辦法說出這些詞組了。國內有ＤＶＤ提供美國的電視影集系列節目，我強烈建議讀者觀看《六人行》。這是住在紐約的六個年輕男女所發展出來的喜劇故事，在美國很受歡迎。

等聽習慣之後，不妨試著用英語自言自語。一邊用學會的詞組，一邊就像播報員做實況轉播一樣，用英語說出眼睛看到的事物。我稱此爲「實況轉播說英語」。

只要背下基本詞組，就可以加以運用！

●背誦詞組的人

「我跟那件事沒有關係」
I have nothing to do with it.

it可以直接替換the accident

「我跟那件意外沒有關係」
I have nothing to do with the accident.

●沒有背誦詞組的人

日語：「我跟那件意外沒有關係」

↓

找不到單字
I … the accident …

↓

句型
S+V+O?　S+V+C?

↓

英語：「 ? 」

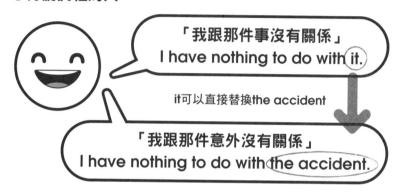

閱讀本書的讀者有大半都是企業人士吧？這當中一定有很多人會說：「我需要的不是在家庭中使用的日常英語會話，而是商用英語會話。」

我在前一本書中也寫過，商用英語會話除了多少用到一些專業用語之外，跟日常英語會話其實並沒有多大差異。一般人尚未體認到這一點。

所以這裡就會產生一個問題，在日語當中是否存在著日常日語會話和商用日語會話這種次元不同的兩種日語會話？沒有商業經驗的菜鳥職員因爲沒有使用過商用日語會話，所以第一次在交易現場就沒辦法適當使用日語？那是不可能的。

前幾天，到一所以商用英語爲主要號召的某著名英語會話學校參加免費體驗課程。當時對英國講師說：「我們一直強調商用英語會話，事實上，除了多少使用到一些專業用語之外，跟日常英語會話應該是沒什麼差別吧？」結果這個講師壓低了聲音做出「噓～」的姿勢之後，說出了他的眞心話：「大部分的日本人並不知道這件事。」

聽力篇

◎背誦基本詞組

我在前面建議的，有必要背誦的基本詞組對聽力也非常有幫助。舉例來說：

1. 學習基本詞組的中級者
2. 英語會話的初學者

假設以上兩種人同樣在十五秒之內聆聽十個詞組（合計七十個單字）的英語會話。也就是說，這些人必須在一．五秒之內掌握一個詞組的內容。

中級者因爲背誦了許多基本詞組，因此很輕鬆地就聽懂了學過的七個詞組。他們不需要在腦海中將學會的詞組做英譯日的作業，直接就可以了解英語的意義，因此只要把精神集中在剩下的三個詞組，就能輕鬆地掌握會話的內容。

另一方面，初學者因爲沒有背誦過基本詞組，因此只能在一．五秒的時間內，一邊在腦海中快速地將一個詞組、平均七個單字譯成日語，一邊掌握內容。而且要確定自己沒有漏掉任何一個單字，一字一句仔細地聆聽。

那麼，初學者是否能明確地掌握內容呢？

答案：幾乎不可能。

因此，如前所述，強烈地建議讀者大量地觀看DVD的電視影集系列，不斷地增加自己的基本詞組背誦量。

◎聽&看

我在前一本書中提過「聽&看（註冊商標）」。簡單來說，光是聆聽英語發音的聽力學習對初學者來說就是很困難的學習方法了。這是學習英語的過程中造成重大挫折的原因。

因此，強烈建議透過觀賞電視連續劇，同時練習聽&看的能力以學習聆聽。

DVD中會打出英語字幕。你可以在顯示這些字幕的狀態下，一邊看影集一邊學習聽力。如此一來，就算出現了你聽不懂的詞組，只要看字幕，就可以透過視覺來確認聽不懂的詞組的含意了。

在留學期間能夠提升聽力的主要原因之一，就是因爲持續徹底地實踐這種聽&看的訓練。

◎學習發音

一般人都聽不懂自己無法發音的音。

這是眞的。我已經在前面提到過，剛到美國留學時，只聽得懂一半電視上播報的新聞內容。事實上，之所以會在美國選修發音課程是因爲遭到英語作文的教授訕笑。當時在上課時被教授點名回答問題，結果換來教授一句「你到底在說什麼英語，我完全聽不懂」。因爲我用很重的日語腔調說英語，使得對方聽得是一頭霧水。

經歷過這種痛苦的經驗之後，選修了發音的課程，結果大吃一驚。因爲以前沒辦法聽懂的電視節目或新聞竟然都**聽得一清二楚了**！

只要英語發音正確，自然就能非常輕鬆地分辨英語的音。

在我所提供的英語發音課堂上，學生能在十五分鐘之內就辨別出日本人經常感到困擾的發音就是最好的證明。主要原因不在於聽力提升，而是因爲懂得如何正確發音了。只要能夠分辨單字的發音，就不會弄錯文章的前後關連性。

舉例來說，談到選舉時，所謂的 vote 指的就是投票或投票權。絕對不會變成容易與 vote 混在一起的 boat（小船）。

因此，對一個苦於聽力不好的英語學習者而言，最重要的不是一直賣力地學習聆聽，而是要努力地練習發音。

◎發音的調整

聽力遲遲無法提升的另一個理由，是因爲無法理解英語發音的調整。

何謂發音的調整？以下舉例說明。

以 I met her last night. 這個詞句來說，學習英語聽力的人有大半在聽到當地人說同樣的語詞時，往往會感到很沮喪「不管聽多少次，總是聽不出來」。

可是，聽不懂是理所當然的。因爲當地人並不是一字一句清清楚楚地說出來的，他們並沒有把 **her** 的 **h** 的音和 **last** 的 **t** 的音發出來。因此，聽起來就像 **I met er las night.** 如果不習慣這樣的發音，就很難想像原本是什麼樣的語詞。就如以上所舉的例子一樣，英語當中——

- 代名詞或前置詞的強形、弱形
- 同化
- 結合
- 遺漏

有很多諸如此類的發音調整。而每個發音的調整種類從數個到三十個不等。

事實上，日語當中也存在有發音的調整。舉例來說，數數的時候是以「一（ichi）、二（ni）、三（san）……」來數的。以「枝」爲單位來計算時，多半都加上「枝」（hon）。然而，在數鉛筆時，我們就會將發音調整爲「**ippon**（一枝）、**nihon**（二枝）、sanbon（三枝）」來發音。

英語當中也存在著完全一樣的發音調整情形。

當地人在說話時是百分之百調整過發音的。因此，如果無法理解這種發音的調整，再怎麼努力也沒辦法提升英語的聽力。

即便你長期學習聽力，如果不能弄清楚英語的發音調整，要提升聽力就是很困難的事情了。反過來說，**如果學好發音的調整，聽力就會有飛躍性的提升**，因此，強烈建議，如果有機會的話，不妨學習一下發音的調整。

閱讀篇

你知道這十年來，在英文閱讀方面要求的技能有了重大的改變嗎？對此事有所認知的人好像還很少。閱讀所需要的技能一有改變，學習的本質也就得隨著變更。

那麼，二十一世紀在英文閱讀方面要求具有什麼樣的技能呢？

那就是快速解讀簡單英文的技能。也就是「快速理解簡易文章」的技能。

然而，目前許多英語學習者都只學到大學考試的英語當中要求的閱讀技能。那是一種花費大量時間解讀艱澀文章的技能。也就是「緩慢地閱讀艱澀的文章」的技能。

除了部分的例外，提供給大眾閱讀的文章都是簡單明瞭的。理由很簡單。如果文章寫得太艱澀，能夠解讀的人就有限了。而且網路的普及也造成很大的影響，能夠爲人所接受的英文的份量呈飛躍性地增加。

像這種環境所要求的閱讀技能，就是要你快速地從大量的簡單英文當中找到自己需要的文章，只篩選出重要的部分來精讀的技能。現在大家應該知道，要求學生解讀、翻譯艱澀文章的大學英語考試是如何地趕不上時代吧！

想要學習速讀英文的閱讀能力，除了實際閱讀英文以提升能力之外，別無他法。因此，在我所開的課堂上都會讓學生花上兩小時的時間，專注地閱讀英文報紙。人們往往會覺得這是沒有技巧的學習法，然而效果卻是最好的。閱讀之初，即使翻著字典閱讀也幾乎無法掌握英文報紙內容的學生，在經過三個月的訓練之後就可以流利地閱讀，程度差異之大讓人嘆爲觀止。

閱讀小說或英文報紙都無所謂。請記住要每天花三十分鐘左右的時間閱讀自己有興趣的領域或與工作相關的英文。如果持之以恆，只要過個半年到一年，你一定可以毫無阻礙地閱讀文章。

此時要注意的一件事就是閱讀的速度要快。反過來說，在你能夠自信滿滿地跳過不是很重要的部分之前，提升閱讀技能是有其必要的。

書寫篇

想提升英文作文能力，唯一的辦法就是實際書寫英文，請指導者加以刪減潤飾。

也許有人會說：「現在有很多機會要用到英文來寫郵件，所以沒有什麼問題，無須刪潤。」然而，問題在於大部分的人幾乎都沒有認知，自己所寫的英文可能對對方造成失禮，或者自己想表達的事情只能傳達一半給對方了解。

基於工作性質使然，經常要爲以企業人士占大多數的人刪減潤飾英文作文。英文作文的書寫→刪潤→被刪潤的地方經過兩次、三次的反覆檢視之後，英文的作文能力便會大幅提升。提出第四次作業時，再看看自己於第一次提交出來的英文作文，大部分的學生都會對自己第一次所寫出來的英文作文品質之低劣感到愕然。

書寫英文作文時，訣竅不在於寫出誇張虛浮的文章，而是要明確地把自己的意圖傳達給閱讀者。

學習法33

眞正想學好英語的人
一年當中的標準英語學習量

如前所述，從自身學習英語的經驗中得知，學不好英語的一個重大原因是學習的絕對量呈現明顯的不足。因此，我在本人所開設的英語學校爲就讀的學生安排增加學習的絕對量的課程。

由於要求學生以全面凌駕其他英語會話學校的學習量的方法來學習，因此成果截然不同。

學生所希望具備的英語能力程度和其達到該程度所需的時間長短因人而異，不過我總是會出份量大到讓多數學生非得在平常就騰出二至三小時，假日一定要騰出三小時的時間來學習英語，否則絕對做不完的課題。

以這樣的步調來學習，等於每個星期在課堂上學習兩小時，另外在課堂之外一星期平均要學習十五至二十小時的英語。計畫要留學的人則會要求更多，我會指導這些人平日要學習三個小時，假日則要學習十小時左右，因此等於一星期三十五個小時左右泡在學習當中。

以一星期學習二十小時的步調進行時，一年下來等於學習五十二週，一年總計學習一千零四十個小時；若一星期學習三十五個小時的話，則一年當中學習的時間會多達一千八百二十個小時。學習量是到一星期只上一次課，一堂課才四十分鐘的英語會話學校就讀的一般英語學習者的**三十倍到五十倍**。

一年只學習三十四小時的人和像我的學生一樣，一年學習超過一千小時的人，雙方何者會早日學好英語，這是無庸置疑的事。當然是我的學生呈壓倒性的勝利！

一年只學習三十四小時英語的人多少應該也會學到一點東西吧？不過，這種人等到學滿一千小時卻要花上三十年的時間，也就是說，二十歲的人要到五十歲，而四十歲的人則要到七十歲才能學好英語。

因此，如果你想在一年至三年比較短的時間內就看到學習英語的成果的話，除非你一年學習一千小時，最少也要七百五十小時，否則到死也學不好英語。學習任何事物都一樣，如果練習的時間沒有累積到最少一千小時的話，根本就成不了什麼氣候。

英語的指導者能幫助學習者的地方是非常有限的。一星期一次，一次一至兩小時的指導能發揮什麼作用呢？指導者所能做的事情只是修正學習的方向和簡單地解說、檢查而已。結論是：要學好英語，**靠自己拚命努力地學習是唯一的方法**。

就如同我在第一章的〈學習法6何謂致勝的學習戰略？〉當中提到的，只要了解教材、服務的品質占兩成，學習量占八成即可以決定學習英語的成果就沒有錯了。

如果你以爲「只要到英語會話學校去上課，英語會話學校應該會幫我些什麼」的話，那就大錯特錯了。那些上過充斥在街頭巷尾的英語會話學校，但還是學不好英語會話的人們就是最好的證明。

要言之，在英語會話學校的課堂之外，增加多少的英語學習量才是學習成果好壞的分水嶺。因此，才會要求學生做大量的課題。

也許你會驚嘆「一年當中學習七百五十至一千小時的英語?!」如果你決定「不學英語」，那麼大可毅然決然地放棄。如果你決定「要學好英語」的話，那麼一年當中花這麼多時間學習，可以讓你在比較短的時間之內達成目的。

然而，有大半的英語學習者都是行「中庸之道」。也就是說，這些人並不是沒有學習英語，但是也並沒有眞正拿出決心來努力學習。總歸一句話就是半吊子。事實上，就金錢、時間、勞力方面來講，這都是**損失最重的學習英語的方法**。

結論是：如果拿開車來比喻學好英語的方法，道理就這麼簡單——

1. 決定走在前頭（決定想具備的英語能力）
2. 決定途徑（決定學習的方法和品質）
3. 踩油門（每天持續學習）

順便告訴讀者，我的英語學校在開始上課之前總會稍微威脅一下學生「你們眞的想學好英語嗎？很辛苦的喔。老師會要求你們一星期學習二十個小時左右」，以此來恐嚇一下未來的學生。通不過這一關的人就會放棄學習。

因爲，自己沒有覺悟要努力學習的人，是絕對學不出任何成果來的。

整合

● 英語（英語會話）一直學不好是因為必要的學習本質偏離了。事實上當地人幾乎從不使用考試當中會出現的、有點難度的表現方式或迂迴曲折的說法、艱澀的單字。
● 到英語會話學校上課也始終學不好英語會話是因為學習量明顯地不足。
● 想學好英語會話，建議將當地人經常使用的詞組背誦下來。
● 想要學好聽力，就要背誦基本詞組、聽&看、學習正確的發音、具備調整發音的知識。
● 想要具備閱讀能力，可以每天快速閱讀三十分鐘左右的英文。
● 想要改善英文作文能力，唯一的辦法就是實際執筆寫作，請指導者刪減潤飾。
● 想學好英語，則一年的英語學習量要達一千小時，最少也要有七百五十小時。

第6章

成功學習的目標設定方法

學習法34 何謂目標的設定方法？

當我在出社會之後還能實現留學的美夢，要說成功的因素是因爲明確地設定了目標，持續努力地學習也不爲過。

當時雖然沒有使用後面會詳細說明的手冊，但總是把目標寫在筆記本上，製作學習的計畫表。舉例來說，我會在計畫表上標註何時達成留學的目標、何時獲得TOEFL和GMAT（研究生管理科入學考試）的目標分數，而爲了達到目標，一定會大致寫出進度，譬如今天的進度要推進到這本參考書的○○頁，藉以激勵自己。

後面會有詳盡的說明，我會決定何時實現留學的最終目標。把目標分成以幾個月爲單位的長期目標，然後又分割成幾週到一個月的中期目標，最後決定一天的目標設定，以讓自己能夠達成各中期目標。

設定最後目標的時間之後，再設定長期目標，再細分爲中期目標、一日目標，我認爲這樣比較容易設定目標。如果採用順序相反的設定方法，很可能會使達成最終目標的日期延宕，或者無法實現，因此並不建議。

我就讀商業學校時，曾經有過一個案例，因爲企業新商品開發的訂價方法錯誤，而使得成果有莫大的差異。這個例子和設定目標的方法錯誤非常相近，因此再進一步說明。

歐美企業在決定新製品的價格時，往往是採用先計算材料費多少、製造費多少、人事費多少、廣告費多少，才決定新商品應該訂多少價格的方法。也就是說，不先決定大目標，而以成本的結果來決定價格。如此一來，商品的價格當然就會很高。

另一方面，日本企業採用的多半都是先行決定價格的方法。舉例來說，一台附有某種功能的彩色印表機擬以兩萬日圓以內的價格供貨。接下來就按照非得把材料費、製造費、人事費、廣告費控制到符合這個價格的方法來開發商品、決定價格。

你認爲何者獲勝？當然是日本企業的做法。我認爲，先描繪出最終目標，然後將目標細分化，這樣成功的機率會比較高。

沒有擬定任何目標，在茫然無頭緒的狀況下學習，有時候會落得不知道自己是爲何而學，也往往會在感到不耐時就放棄學習。

所以，不只是要把自己是爲何而學、何時需要有學習的成果展現等等的事情記在腦海裡，還要明確地寫在紙上，透過視覺來確認，這才是上策。

既然同樣要花費時間、勞力、金錢來學習，也就是自我投資，那麼每個人當然都想要得到最大限度的回饋。如果中途發生挫折，或者無法達成目標的話，之前的投資就都功虧一簣了。

因此，在你眞正開始學習之前，請明確地寫在紙上，設定目標，提高成功的機率，以期得到最大的投資報酬率。

學習法35 長期目標的重點？

以我的系統來說，一個月以上的目標是設定爲長期目標。大致上以二至三個月爲單位來設定也無妨。無論你是利用月曆也好，自己手工製作的計畫表也罷，最好是製作一張大表，好讓自己隨時可以透過視覺掌握整個狀態。建議各位隨時意識到長期目標的存在，持續學習。

製作了簡單的計畫表貼在書桌前面，好讓自己可以隨時看得一清二楚。如此將有助於保有學習的動力。

以我的經驗來說，即使突然興起想逃離學習狀態的念頭時，只要看到長期目標表，就會產生「如果今天偷懶的話，長期目標實現的時日將會往後延遲。如此一來，留學的目標當然也就沒辦法達成了」的想法，給自己一些正面的壓力。長期來看，隨時意識到遠大的目標，持續學習的人與不這麼做的人在學習上會有截然不同的成果。

如果我沒有明確地擬定長期目標，只是爲了留學而持續努力學習的話，也許在中途就會受到挫折而放棄了。

學習法36 設定中期目標的訣竅

擬定長期目標之後，再將目標分成一個星期到一個月左右的中期目標。訣竅在於擬定中期目標時不要過度嚴苛。譬如，在自己的手冊或月曆上標到八月十五日為止要看到參考書的五十頁。到八月二十二日前要看到一百頁。

為了留學而認眞學習時也會像這樣擬定大略的中期目標。目前雖然從事翻譯工作，但是仍然以相同的要領，擬定翻譯步調的中期目標。擬定中期目標時最重要的是一個星期要安排一至兩天的休息日。

譬如，如果一天看十頁參考書，那麼七天之內就要看到七十頁。但是我們每天的日常生活當中，經常會出現高度優先的待辦事項。

為了應變這種突然發生的事項，必須設定休息日作為預備日。舉例來說，即便擬定一天十頁的目標，也要空出星期三和星期六來，只要一星期維持總計五十頁份量的參考書進度應該就ＯＫ了。

要言之，不要把學習的計畫安排得太過緊湊，設定一個就算一星期休息個一到兩天不念書的日子也可望達成的中期目標，這是非常重要的事情。

很多人會把學習計畫安排得很緊密，如果沒能按照計畫表推動學習進度時就陷入自我厭惡的狀態當中。一旦陷入這種情境，就會出現暫時中斷學習活動的傾向。

我一再強調，每天一點點就好，只要能夠持續學習幾年，這才是最重要的事情。

因此，你要擬定對自己具有緩衝空間的計畫，不要因爲一些芝麻小事就錯誤解讀「我是一個差勁的學習者！」

這世界上沒有不可能達成的目標。**只有無理的目標設定**。

也就是說，擬定了不可能實現的目標是原因所在，既不是你的能力低劣，也不是你欠缺堅定的意志。舉例來說，如果沒辦法達成「一星期看一本書」的目標的話，只要變更爲「一個月看一本書」就好了。

一個認眞學習的人，往往都會因爲學習沒有進展而陷入自我厭惡的情緒當中。

爲了留學而努力學習時也一樣，當時我把計畫表安排得非常緊湊，如果學習進度沒有按照計畫表進行，就會對自己產生強烈的怒氣。有時候甚至因此而沮喪不已，好一陣子放棄了學習。

從事報導工作時，有時候會有外宿勤務，外宿的隔天天亮時，生理時鐘便整個錯亂了。因此，本來應該學習的時段卻湧上濃濃的睡意，學習狀況不如預期中的好。這就是學習活動沒能按照當初安排緊湊的中期目標計畫推動的理由。

隔了一段時間，將作戰方式變更爲「放鬆學習計畫」。這一次擬定了一星期當中就算有兩天不念書也能夠從容應對的計畫。雖然事先決定了休息的日子，但是如果狀態好的話，就繼續努力下去。所以，通常多半都能以比中期目標更快的步調來推動學習的腳步。於是我了解到，只有在心情非常好的狀態下才能維持長期學習的習慣。

同樣進行學習的活動，在心情好的狀態下持續爲之與陷入自我厭惡的情緒當中持續進行，兩者在心理上的負擔是截然不同的。因此，降低對自己學習進度的期望值，擬定能比預定計畫稍快的步調，來推動學習活動的中期目標是訣竅所在。

學習法37 如何設定一日目標？

一日目標是以小時爲單位來設定目標的。我一定會寫在計畫表上，努力推動學習進度，以期達成目標。舉例來說，大略以下面的方式寫出來：

7點00分～7點30分至15頁
7點45分～8點15分至18頁
8點30分～9點至21頁

就算這個目標沒辦法達成也無所謂。就當成概略的指標來使用。此時要切記，跟中期目標一樣，請絕對不要設定不可能達成的目標。

更重要的一件事是**一定要寫在紙上**。

如果實際寫在紙上，那麼就算學習遲遲沒有進展，光是坐在書桌前面也會讓人不由自主地就會有推動學習活動的情緒。

如果學習的進度不如預期中順利，請不要有「我是一個偷懶的人」之類的自卑感。重要的是要製造一個不讓自己太怠惰的機制。因此，將一日（半天也無所謂）目標寫在紙上是很重要的事情。

接著，做完當天的功課之後，務必要檢視所寫出來的一日目標，確認學習的進度。如果學習的進度按照預定計畫推展的話，就給自己一點嘉勉吧！相對的，如果學習活動沒有按照預定計畫推行，就要釐清個中原因，作爲提升下次學習效率的參考材料。

你沒有必要因爲「學習活動沒有順利的進展」就陷入自我厭惡的情緒當中。重要的是，就算當天只剩下幾個小時的學習時間，也務必要將目標寫在紙上方便用眼睛確認。

回顧一整天的學習，有時候會發現成果不差，但有時候又有待努力。

學習沒有進展時，千篇一律都是因爲沒有將一日目標寫在紙上的緣故。因此，在開始學習之前，請務必將一日目標寫在紙上，就算只花個短短的三分鐘亦無妨。

另外還要努力地讓自己在事前預定的時間之內完成一定的學習內容。祕訣與第2章〈學習法13如何使用時間才能拉開和同儕之間的差異？〉當中所說明的快速完成工作是一樣的。

學習法38 目標的設定會大大左右行動和成果

一聽到「設定目標」，大概會有很多人驚嘆：「怎麼可能！」但是，設定的方法卻可以大大地左右一個人的行動。採取的行動不同，成果當然就會有明顯的改變。

前面提到過，我在加拿大遊學期間，曾經騎著腳踏車到加拿大洛磯山去旅行。當時我以學習拍照爲目標。但是一路旅行下來後發現，學習拍照跟遊學根本就是兩個不同的目標，因此行動模式當然就要有所改變。至於做了什麼樣的改變呢？每天日出前就起床，外出去拍攝大自然的風貌。

可能有很多人不知道，拍攝風景照片時，按下快門的時間大都是在日出或者日落前後的一個小時。請看看風景照片的專業攝影師的作品集就知道證據何在了。大師們的作品有大半都是在日出或日落前後拍攝的。

尤其是日出前後的一個小時，呈現出來的景致跟白天所看到的風景是截然不同的。此時天空染成一片鮮紅，太陽露臉之後，所在的位置也還是很低，因此會出現一幅影子長長延伸的充滿幻想味道的風景畫。因為當時無風，湖面就像一面鏡子一樣，將四周的風景整個映照出來。花朵也處於靜止狀態，最適合拍攝植物。

我每天在日出之前就帶著相機外出，由於天候天天有變化，因此不見得每次都可以找到適合拍照的美麗風景。儘管如此，還是以學習拍照為目標，因此還是每天冒著寒意外出，擺好相機，等待日出。

事實上，在加拿大洛磯山區，當天色還陰暗時，一個人在外頭閒晃是相當可怕的一件事情。因為這一帶會有熊出沒。被稱為地上最強的灰熊在此地生息，加拿大地區每年都會因此出現幾名犧牲者。我總是一邊哼著歌，一邊拍照，避免和灰熊撞個正著。

這個行動的轉變和日後到報社就職，之後成為攝影記者的成果有很深刻的關連。

舉另外一個例子。在美國留學時，我的大目標為：

1. 取得碩士學位

2. 訓練英語能力

大部分的留學生都只有一個目標，那就是取得學位，順利畢業。但是，我把「訓練英語能力」也當成另一個目標，因此相當著力於英語的學習。

人們一聽到「到美國或英國留過學」，往往就會錯誤解讀「留學經驗＝英語能力強」，事實上，留學二至三年之後，還是沒辦法流利使用英語的留學生比比皆是。因爲，他們在大學或研究所雖然很努力地學習專攻科目，但是並不代表他們也同樣努力地學習英語。

因此，有多到出乎我們意料之外的上班族爲了到國外留過學，結果卻被同事錯誤解讀爲「英語一定很厲害」的誤解所苦。

同樣出國留學，如果設定的目標不一樣，行動模式自然就會有所差異。

除了學習研究所的專攻科目之外，我還選修了兩個英文作文學分、一個商用英文作文學分、一個演說學分、兩個發音學分。此外，就如同在前面提到過的，除了到學校上課以外的時間，每天一定會閱讀報紙、看看電視連續劇，以加強英語的練習。

行動不同，成果當然就大相逕庭。

和同樣留學二至三年的人相較之下，我的英語能力多少優秀了些，目前甚至可以指導他人學習英語，這個相異處正證明了上述的說法。

學習法39 目標無法達成的最大理由

人爲了達成各自不同的目標或夢想而努力學習，或者琢磨自己的技能。以參加資格考的考試爲例。切記絕對不能在心態上產生「現在已經做好應試的準備了」之後再去參加考試。如果這樣想，想要取得及格或目標分數就要花上超乎預期之外的漫長時間了。

反過來說，事先決定二〇〇八年的五月要參加考試，然後朝著這個目標，一口氣努力前進，這是很重要的事情。也就是說，**要先決定終點！**

不要想著「如果、假如」，請事先決定自己的終點，心裡想著「該如何做才能達成那個目標」。很多人就是因爲抱著「如果、假如」的想法思考事情，因此再過個五年、十年，也一樣無法實現自己的夢想或目標。

如果花了時間而可以實現夢想或目標的話倒還好，然而許多人在沒能實現自己的夢想和目標的情況下，就此終其一生。

再強調一次。

請事先明確地決定你想要實現的事情，包括實現的日期在內。許多人之所以無法達成目標，**最大的原因是沒有當機立斷**。你是否曾經在沒有下定決心的情況下，一再地將決定往後延？這就是所謂的未定（pending）狀態，日後往往會發展成以非我們所願的結果結束的模式，而最大的理由就是因爲我們沒能當機立斷。

請你回想一下過去。想做的事卻沒能做到、想要的東西或人（愛人或配偶）卻得不到，歸根究柢，這一切的原因是不是都因爲你老是懸在半空中，沒有當機立斷的緣故？

反過來說，只要自己下了決定，就形同已經實現一半的目標和願望了。

學習法40 逆向的思考方法可以達成目標

請想想：「爲了實現目標，我該怎麼做才好？」也就是說，請**依與之前的思考方法相反的方向**去思考。

許多人都採用「～的話、就去～」的思考模式行動。舉例來說，很多人都會說：「如果我能在TOEFL考試當中考得○○分的話就去留學。」其實應該反過來說：「到○年○月○日之前，我要～（變成～）。爲了實現這個目標，我～」

譬如請你這樣想：「二○○九年八月之前我要去留學。爲了達到這個目的，我要在二○○九年三月之前在TOEFL的考試當中考得○○分。」如果把往常的思考方法倒過來想，你的夢想或目標就可以比之前提早好幾倍的時間達成。

讓我從另一個角度來說明。首先我們要決定自己想實現的目標，也就是做固定（fix）

的動作。然後據以變更你爲了達成該目標所投注進去的能量和時間（通常份量都會增加）。這就是變數（variable）。要言之，你要增加、集中能量和時間，只爲了達成你的目標。請參看左圖。我講的就是這麼一回事。

沒辦法達成自己目標的人有一個共通點，那就是他所做的事情是反正道而行的。爲了達成目標所投注的能量和時間與之前無異，處於固定不變的狀態，因此達成目標的一方反倒成了變數。

所以，這樣的人會一直自問：「再學個兩年英語是不是就可以留學了？」

如果狀況有了變化，你想會變成什麼樣子？

「最近工作太忙，英語的學習進度不如預期順利，大概要三年後才能留學吧？」就這樣，將設定目標的達成時間往後延遲了。然後就無所事事地任時間流逝，很多人因此落得馬齒徒長而已。然後，等年華老去之時，一邊給自己找藉口「我年輕時本來想做○○的，可是……」，一邊在無法達成自己夢想和願望的情況下結束只有一次的人生。

這樣你也無所謂嗎？

即使七十歲了還是可以實現夢想的。但是，六十歲比七十歲，五十歲比六十歲，四十歲比五十歲，三十歲比四十歲時早啓動，就體力因素方面來考量，實現夢想的機率也會高很

明定目標和夢想，增加勞力，
就會提早數倍達成！

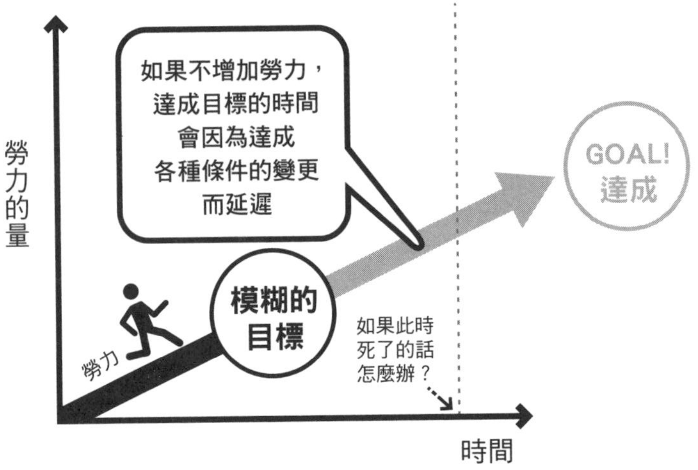

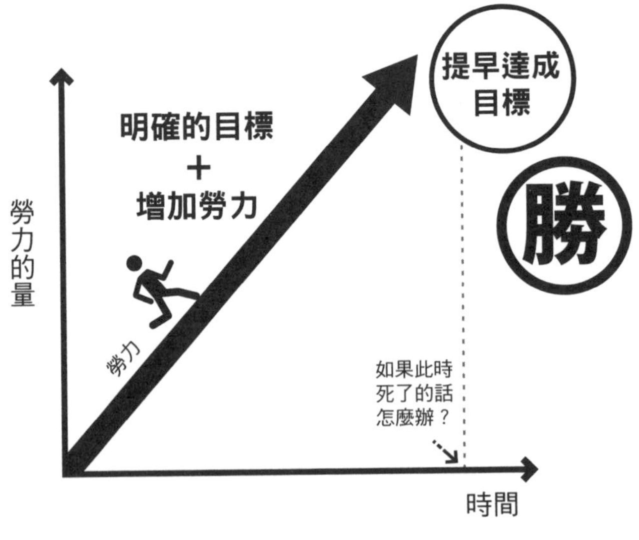

多，這是很簡單就可以想像出來的。

我們每個人都會**老去，終究會死亡**，讓我們試著來正視這個**現實**吧！只要每一天多意識到這個事實一點，你應該就會了解，現在不是把這一生想做的事情、想實現的事情往後延遲的時候。

因此，現在也不是以「如果~的話，就~」模式來思考事情的時候。

靠著用這種逆向思考的方式來思索事情，持續自我投資而實現了長期以來的夢想——長期海外旅行，在多愁善感的二十幾歲時擴展了自己的見聞。當上了攝影記者，拍下登上全國版報紙頭條的相片。實現了長達六年之久的夢想——前往美國留學。過了三十歲之後，會說一口流利的英語了。在三十五歲左右實現了從二十歲時就懷抱的夢想——擁有自己的公司。然後創立了英語學校，負責指導學生學習英語。著作也有兩本了。

我尚未實現的事情也還有很多，因此今後仍將用這種思考方法反覆體驗成功和失敗的經驗，腳踏實地一件一件繼續去實現。

學習法41 為達成目標要付出什麼代價？

一九七三年，我擔任攝影記者時曾經採訪過獲得諾貝爾物理獎的江崎玲於奈先生。那次的經驗只能用「太讓人感動了」來形容。不過，在採訪這位先生時，他說的一句話卻最讓人印象深刻。

「除了諾貝爾獎，您還締造了無數輝煌的功績，您的人生一定是一帆風順吧？」這是我提出的愚蠢問題。「不，不是這樣的！」先生瞬間立刻回答，然後露出苦澀的表情，這讓我留下深刻的印象。

從他臉上的表情，憑著直覺察覺到「在他輝煌的功績背後，個人生活方面一定付出了很大的犧牲吧？」

為了留學而努力向學的我為了將時間都用在學習上，加上必須存一筆留學費用，因此把和同事之間的往來降到最低限度。因此，當時在人際關係方面應該算是比較淡薄的。總之，記得每天下班之後都是直接回家努力念書。

如果是夠聰明的人，在專注於學習的同時，或許也有更聰明的和他人互動的方法。然而，當時的我卻沒有去思考其他的方法，將所有的時間和精力都集中在實現自己多年的夢想上，極力省略所有不相關的事物。

我想說的是，為了持續學習，**付出**某種程度的**代價是必要的**。

將和同事到居酒屋喝酒的次數減到比以前更少。和朋友之間的往來也許也多少減少了一些。假日在家無所事事的時間也銳減了。

請懷抱著某種程度的覺悟開始學習。因為想要在比較短的期間之內實現某個目標是一定要將時間和勞力都集中在一點上的。這種說法或許是嚴峻了些，但是如果你還心存排斥，那就**只有放棄目標了**。

學習法42

利用手冊設定目標可以加速計畫實現的速度

回到日本之後，我便養成了將目標寫在手冊上隨身攜帶的習慣。待養成了盡可能每天閱讀寫在手冊上的目標的習慣之後，實現目標的速度便加速了。

讓我舉例來說明加快了多少速度。

回國後半年內，我就創立了翻譯事業。靠著這個工作得到的收入，花了兩年的時間就還完了當初預計應該在回國後七年分期還完的六百萬日圓的留學貸款。回國後一年半之內就以三百萬日圓的資金成立了自己的公司。包括這本書在內，出版了兩本書。另外還有一本份的文稿也幾乎快完成了。現在也創立了英語學校，舉辦各種研習會，不知不覺當中，成了眾人口中的「老師」。

因爲自己的狀況發展得很順利，於是想到「自己使用手冊的方法是否也可以提供他人作爲參考呢？」便從二〇〇三年底開始在網站上提供B5大小五十二頁的冊子「讓你成功的手冊使用方法」。這是目前流行的手冊使用方法導覽組合的起源。

寫了一本《思考致富》的拿破崙．希爾提倡將目標寫在紙上，只要每天反覆閱讀，夢想就會實現的觀點，對許多人造成重大的影響。但是，聽到這種論調的人，一定有大半的人都會想「這早就知道了」。然而，幾乎沒有人會去實踐這種做法。

話又說回來，爲什麼寫下目標，每天反覆閱讀，就可以加速目標實現的速度呢？以下以本人的觀點來說明。

人的行動有大半是由無意識（潛意識）操控。簡言之，無意識所帶動的事情就是你沒有注意到的習慣或癖好。也就是說，你每天的行動模式幾乎都是在你不自覺的情況下由無意識主導進行的。

至於你的習慣又是如何形成的？那是你的親人或身邊的人長年累月持續傳送出來的訊息在不知不覺當中被無意識設計成程式了。因此，現在的你只不過是按照該程式採取行動罷了。

可是，問題就產生了。

以你現在擁有的習慣（被寫進無意識當中的程式），只能得到你現在所處的環境（人際關係、工作、金錢方面的事物等）。

因此，如果希望得到你想要的環境或人生，你就必須重寫這個程式。

目前你的程式是被四周反覆持續傳送進來的訊息寫入而成的，因此，現在你只要持續反覆傳送訊息給自己的無意識，**自行改寫程式就可以了**。所以，每天反覆閱讀寫出來的目標是很重要的事情。

也就是說，每日閱讀目標就等於是在進行改寫無意識（潛在意識）的作業。只要無意識改變，無意識操控你的行動就會跟著改變。行動一改變，結果當然就會跟著不一樣了。

只有手冊是可以每天隨身攜帶，方便頻繁地反覆閱讀目標的工具。

目前有超過一千人以上正在使用我的手冊導覽，同樣都提升了成果。拿到兩倍薪水的人、營業成績鶴立雞群的人、想法和以前有一百八十度大轉變的人……許多人都達成了夢想和目標。

學習法 43 如何利用手冊做目標設定？

利用手冊來設定目標的方法應該有很多種吧？我抱著「如果我個人的方法值得參考」的心態，從「讓你成功的手冊使用方法」當中篩選出來，寫成具體的建議。

◎以十五年計畫表作爲長期目標

我在手冊上做了一個十五年的計畫表，當成長期目標。即使是擬定長期目標的人也鮮少有人會考慮到十五年後的事情來據以擬定目標。我使用可以當成扉頁來運用的活頁紙，寫上西曆還有自己及家人的年齡，旁邊則寫上大略的達成目標。然後用紅筆確認已經實現的事情。

結果發現，如果明確地擬定目標，每年的達成機率確實是相當高的。

至於爲什麼要以十五年爲標竿，那是因爲未來的人生還相當漫長，如果以一年爲單位來設定目標，**容易變得短視近利**。

雖然每年的目標確實地實現了，但是當你回顧過去的十年時，如果發現路徑大大地偏離了當初自己所期望的人生，失去的那十年是要不回來的。

因此，爲了讓自己能以更長的間隔來觀看人生，或者擬定計畫、目標，十五年是最恰當的時間。

◎實現名單

使用同樣的跨頁活頁紙，在計畫於○月○日之前要實現的日期上寫上一年當中的實現目標。

同樣地，如果達成了，就用紅筆確認。以我的狀況爲例，寫在今年實現名單上第二本書的出版計畫已經打上紅色的記號了。

最上層是實現的年度，底下分成十二組，一到十二（月）寫在一橫列上。然後在同一頁的左側框框裡面直向寫上一到三十一（日）。我愛用的活頁紙有三十三行小小的直向方格。從之前寫出來的，你想實現的項目中篩選出幾頁寫在裡頭。例如，如果有目標要在二○○八年七月一日前實現的話，就寫在相當於七月欄位的一號方格裡。每一個方格都很小，所以總是會寫得超出範圍。書寫的方式以自己容易一目了然爲主，好不好看是其次。

實現目標的日期在經過一年之後可能會有所變更，因此我都用鉛筆書寫。

順便告訴各位，我愛用的手冊是一般稱爲「SD手冊」的「系統日記」。這是日本的第一本系統手冊，於一九六八年發售，極爲暢銷。目前仍然有很多愛用者，五十歲以上的人尤其特別支持。

不管是長期或短期，就使用手冊來設定目標吧！

●15年計畫表

年	我	妻			目標
2007	35歲	30歲			✔舉辦寫作文章研習會
					✔出版第2本書
					·到非洲旅行
					·存款達1000萬日圓
2008	36歲	31歲			·購買公寓
					·換車
					·舉辦投資研習會
					·出版第3本書
2009	37歲	32歲			·開始啟動新事業

●實現名單

日＼月	1	2		12	目標
1					✔舉辦寫作文章研習會
2					✔出版第2本書
3		………			·到非洲旅行
4					·存款達1000萬日圓
5	………				
6					
7				………	
8					
9					
10		………			
11					
12				………	

出版第2本書

到非洲旅行

整合

- 想使夢想實現，首先要將目標寫在紙上，透過視覺來確認。
- 以「設定最終目標日期→設定長期目標→設定中期目標→設定一日目標」的模式慢慢地將目標細分化，如此一來，就比較容易達成目標。
- 許多人之所以無法達成目標的最大原因在於「沒有當機立斷」。要率先決定明確的「想實現的夢想或目標」，包括實現的日期在內。
- 將目標寫在手冊上隨身攜帶，可以加速目標實現的速度。
- 每天反覆閱讀目標，就可以改變無意識。只要無意識改變，行動就會改變。行動一改變，結果就會大不相同。

實踐者的心聲

❸

要說我個人有什麼真正的感想，就是看完之後，內心有一種被慢慢地摩擦著的感覺（現在也一樣）。因為，「學習法」的內容實在太過具體了，讓我不得不深切地體會到自己和那些被稱為所謂的「常勝軍」的人們之間的差異是從何而來。

我已經過了 30 歲。一想到之前浪費的時間其實用來修正自己的做法是綽綽有餘的，就難免有些絕望感。只是或許是實際透過文字認清楚之前內心深處莫名而隱約感覺到「這樣好嗎？」的疑慮吧？我覺得自己對事情的看法、想法好像慢慢地改變。

我以前很少（完全）去思考到所謂的潛意識這種事，不過我想擬定目標獲得成功、使用腦部的 97% 功能就代表能巧妙地利用潛意識吧？我想這樣解讀應該沒錯。以前有時候會因為挑戰一件小事，在沒能出現好的結果時，心情就感到很沮喪。而且經常會有負面的思緒。此外，有時候還會想像著達成以下這些目標之後自己意氣風發的模樣。

· 學生時代拿到的重型機車執照
· 最近拿到的舊金山 CCNA（購買中古挖土機自行練習）
· 其他國家資格

這種小小的成功體驗也許將會成為回顧人生時的縮影吧？

我要感謝《不做輸家的學習法》。因為我覺得閱讀其中的內容之後，整個人生跟閱讀之前有了很大的差異。今後我要明確自己的目標，好讓自己沒有遺憾。（部分摘選）

愛媛　K 先生

實踐者的心聲

❹

自從丈夫開始使用古市先生的「手冊」之後，真的判若兩人。以前他甚至是以健忘出了名的，明明說「我要做這件事」，可是卻一放就放上幾個星期，甚至幾個月之久，這是經常會有的狀況。他本人是完全沒有惡意的，然而一旦遇到優先順序比較低的事情，他總是會忘得一乾二淨。而我的忍耐力也被訓練成超乎常人了。

我這個脫線丈夫的目標是「忠實地履行每一件小事」。也許是他認為「小事做不來，何以為大事」吧？可是壞習慣終究是很難修正，而我也早就半死心了。

丈夫知道有這本手冊時，顯得好興奮，還問我：「我去買這個可以嗎？」我直截了當地反對：「如果靠一本手冊就可以將健忘的習慣改正過來，就不會有人那麼辛苦了。」可是很值得慶幸的是，丈夫因為當上監控員，有機會從古市先生那邊獲贈一本手冊，於是他開始使用，而效果也立即顯現了。

以前我總是要一再提醒他「這件事做了沒？那件事做了沒？」好讓丈夫回想起來，但是現在，就算我一句話都不說，丈夫甚至也都會先幫我做好我想做的事情或者其他一些細微的事情。這是以前那個丈夫絕對不可能會做到的事情。

丈夫本來就是個很重視家庭的人，自從知道有這本手冊之後，變得會去思考具體的目的和目標，而且開始會去實行，成為一個非常值得信賴的丈夫。我實在非常感謝讓我丈夫有機會認識這本手冊的古市先生。(部分摘選)

東京　W 小姐

第7章

提升學習效率的飲食・睡眠

學習法44 飲食和學習的成果有關

學習的大敵之一是什麼？也許你們會感到很意外，其實就是飲食！

理由是因爲，人在攝取飲食之後，身體爲了消化吃進去的東西，便將血液集中到胃部，飯後一個小時左右，會處於精神無法集中的狀態。因爲循環到大腦的血液量不足。

這是你幾乎每天都會經歷到的事情，應該不需要我特別說明吧？人在飯後往往會產生睡意，效率會下降。以下介紹幾個應對之策：

1. 勿過度飲食。如果要攝取同量的飲食，不妨將一天三次的飲食分成四次，盡量不要一次就將大量的食物塞進胃裡面。例如可以分成早上、十二點、三點、六點等，最少也要間隔三個小時。而且要細嚼慢嚥。

2.先吃過飯後再入浴，營造飯後不要立刻念書的狀況。也就是避免採用入浴→飲食→學習的順序，建議順序爲飲食→入浴→學習，不要在餐後立刻進入學習的活動當中。

接下來就有點瘋狂了。

3.以蔬菜和米飯爲主。也就是飲食的內容盡量以減少胃部負擔爲宜。詳情請參考《Fit for Life——健康長壽有其「不滅的法則」！》（Gusuko出版）

扼要說來就是「隨著文明的發達，人類將本來不入口的各種食物同時塞進胃裡。這樣的食物組合有害身體，因此，人類便使用身體的巨大能量去進行消化的作業，以至於會感覺到疲勞」。

另外，在該作品當中，將食物分爲四大類：

1.水果
2.蔬菜
3.米飯、麵包等碳水化合物
4.肉、魚、豆類等蛋白質

■對人體而言，水果是已經消化過的食物。因此，沒有必要進行消化作業，二十分鐘左右就會被送往小腸。
■蔬菜不需要用到胃裡面的消化液。因此，中性、酸性、鹼性的食物都可以在消化器官當中分解。整個消化完全大概需要三個小時。
■要消化米飯等碳水化合物時，需要用到鹼性的胃液來消化。
■消化肉等蛋白質時，需要用到酸性的胃液來消化。

問題在於：〈一起食用米飯和肉食時，爲了消化米飯，需要鹼性的胃液，爲了消化肉食，就要分泌酸性的胃液，結果胃液就酸鹼中和成中性了（胃部的構造似乎沒有那麼簡單，不過爲了簡單說明起見，以此方式陳述）→由於食物遲遲無法在胃裡消化，因此有時候甚至需要八小時以上才能消化完全→消耗身體的能量。〉

我擔任攝影記者時，曾經採訪過女子馬拉松選手。爲了創造紀錄，她們最苦惱的事情便是飲食。

「練習很消耗體力。但是爲了培養體力而攝食過度的話，又會對胃部造成負擔，進而消耗體力。可是，如果什麼都不吃，又沒有體力……」這段話證明了消化作業是需要龐大能量的。

該作品中又提到，身體有所謂的二十四小時週期的規律。

1. 正午至晚上八點——攝取（進食和消化）
2. 晚上八點至凌晨四點——同化（吸收和利用）
3. 凌晨四點至正午——排泄（排出身體的老舊廢物和食物製造的氣體）

分成以上這三種循環。

此外還建議，早上至正午只吃不會對胃部造成負擔的水果。正午至晚上八點，遵守食物的組合，攝取蔬菜和米飯等碳水化合物，還有蔬菜和肉類等蛋白質（肉或魚的蛋白質會對胃部造成極大的負擔，因此建議攝取碳水化合物和蔬菜的組合）。

＊注意：請遵守把甜點也涵蓋進去的飲食原則。飯後吃水果或者吃優格等乳製品並不代

表遵守食物的組合原則。

「學習法的話題還牽涉到飲食方法？」你也許會有這種疑問。但是，一天二十四小時的活動當中，一般人通常都會進食三次。假設每次飯後大約有一小時左右集中力低落的時段，一天當中就會失去三小時具有生產力的時間。人一般都有七個小時左右的睡眠，如果剩下的十七個小時當中的三小時不具生產性，也就是實質上一天當中約有**百分之十七．六是非生產性的活動**。如果能夠巧妙地掌控，生產性的活動時間就可以增加。

採用這種飲食法，假設能夠有效地使用每天三小時當中的兩小時，一年還可以多有效地利用七百三十小時。如果以二十四（小時）去除，相當於三十天，以實質活動時間十七（小時）去除的話，則是四十三天。

如果和不看電視，以節省下時間的方法合併使用，一年大約可以騰出三個半月的時間。

我開始採用這種飲食法的第一天，就發現到身體狀況的不同。因爲完全不會對胃部造成負擔。

因此在飯後十分鐘左右，就可以立刻進入學習或工作的活動當中。當其他人飯後呵欠連連的時候，你的工作或學習就有所進展。當然兩者之間的差距就拉出來了。

覺得這種飲食習慣有待商榷的人請試著早餐只吃水果。你應該會明顯地感覺到胃部沒有負擔，身體狀況不一樣。

早上只吃水果的話，二至三小時之後就會開始感到飢餓，也許有人會認爲「水果沒有飽腹感」。

但是，所謂的有飽腹感就代表胃裡面的食物沒辦法消化，長時間停留在胃裡面。因此，這並不是一件好事。

關於我們目前飲食生活的常識有多偏差，詳情請參考《不生病的生活》（新谷弘實著，如何出版）。尤其是對維持、管理家人健康有興趣的人更務必要閱讀本書。

學習法45 爲什麼睡眠如此重要？

每天最少也要睡足六個小時。最理想的睡眠時間是七個半小時。重要的理由如下：

1.頭腦不清晰，效率就下降

2.學過的事情會透過睡眠固定成一種記憶

有人問過一名童星：「如何背下大量的劇本？」他的回答是：「看過劇本幾次之後去睡覺。」這就說明了睡眠和記憶的關係。

如果上了床卻睡不著覺時，就起床念書。因爲既然躺到床上也睡不著，就別浪費時間了。

通常只要看個三十分鐘的書，自然就會產生睡意。如果一直努力企圖讓自己睡著，反而會更無法入睡，因此不妨起床活動，這是訣竅所在。

此外，如果在自家學習時，請記住在學習空檔小睡一下。休息時間＝小睡亦無妨。沒有必要眞的睡著。只要躺在床上，閉上眼睛休息個十分鐘左右就可以了。

塞進腦中的情報需要有整理的時間。爲了提供大腦這樣的時間，不妨小睡一下。但是此時如果睡上一個小時以上，身體的生理節奏就會整個亂掉，因此休息時間最長也不要超過一小時。

學習法46 有什麼方法可以在沒有鬧鐘的情況下起床？

本單元特別要推薦給單身男性。請試著照做一個星期左右。效果會立刻顯現。

方法就是晚上睡覺時**將窗簾打開**。如果抗拒採用這種方法的人，則請只拉上蕾絲窗簾睡覺。萬一街燈等光線會照進室內的話，睡覺時可以用毛巾覆蓋住眼睛。也就是說，睡覺時不要拉上天亮之後陽光一樣照不進來的擋光窗簾。如果這樣做，會發生什麼情況呢……？

早上，太陽的直接光或間接光會照到你身上。於是人就會隔著眼皮，以眼球去感測到光線，如此一來，身體便知道天亮了。也就是說，如果以接近自然的型態生活，人就可以過著不違反自然循環的生活。也可以按照規律的生理節奏生活。

根據《智庫》（二〇〇七年版，朝日新聞社）的說法，所謂的生理節奏是被定義為「生體節奏，只見於生物活動的固有節奏」。

然而，隨著文化的發展，人們基於保護個人的隱私而開始拉上擋光窗簾之後，即便天亮了，陽光也照不進來，因此身體便會產生「還是夜晚」的錯覺。

此外，對身體有不良影響的是，明明是**晚上**，鬧鐘卻突然發出巨大的響聲「鈴～鈴～!!」使你的身體受到極大的驚嚇。如此一來，醒來的感覺自然就好不到哪裡去。

如果拉開窗簾睡覺，就算被鬧鐘叫醒，身體也已經朝著醒來的狀態發展當中，因此醒來時的感覺會比被突然驚醒好。

這裡要提醒讀者注意一件事，就算你拉開窗簾睡覺，如果前一晚熬夜的話，早上還是很難清醒過來的。

美國的某電力公司爲了減輕夜班族的睡意，會將夜班時段的辦公室照明亮度調爲之前的三倍。目的是藉由反人體的自然機制，刻意讓身體誤以爲時間是白天。這個方法似乎可以大幅地消除夜班族的「睡意」。

這是題外話。醫生都主張，在固定的時間起床，過規律的生活是很重要的。但是，人不是機器人，有時候因爲工作的關係，沒辦法過規律的生活。當然，人有疲累的時候，也有身體狀況好的時候。因此，你可以根據個人的身體狀況，利用晚上的時間學習，也可以隔天早上提早起床學習。

不必過度拘泥於「規律的生活」這種要求，以隨機應變的方式來處理吧。

學習法 47 如何讓頭腦從一大早就開始靈活轉動？

本來是想早起好多念點書的，但是如果起床之後頭腦不清楚，就沒辦法集中精神學習了。現在就讓我教各位讀者如何在醒來之後，在比較短的時間之內讓頭腦靈活轉動。

沖個澡是很有效的方法。早上起床時，體溫往往都比平常低，因此血液循環並不佳。於是就會造成腦部的血流不夠，導致腦筋不清楚。

用略微溫熱的水沖個澡，體溫就會一口氣上升到平常的體溫，所以在淋浴之後就可以立刻開始學習。

整合

●飲食是使學習效率下降的大敵。對策就是一次勿攝取過多的食物，細嚼慢嚥，避免飯後立刻進行學習活動，飲食以蔬菜和米飯為主。

●建議養成早上至正午只吃水果，正午至晚上八點食用「蔬菜＋米飯」「蔬菜＋蛋白質」的飲食習慣。飯後十分鐘再從事學習活動或工作。

●為了提升學習效率，也為了讓學過的事情固定成一種記憶，睡眠是很重要的。理想的睡眠時間是七個半小時，最少也要有六個小時。

●起床之後沖個溫水澡，就可以在起床之後，在比較短的時間之內讓頭腦靈活轉動。

實踐者的心聲

❺

關於本書的學習法，我採用了許多方法。

・星期六、日到平價餐廳去背誦新規章，平日會花上數十分鐘的時間，假日則做確認的作業。

・分出難易度，將精神集中在難易度較高的部分，加以確認。

・考試之前快速複習。

基本上我是用這種方法來推動進度的。讓我最感興趣的是飲食法，事實上我親自嘗試過，這才恍然大悟。以往在下午時總會覺得意識模糊，苦於無法提升工作效率而倍感困擾，不過在中餐和晚餐採用區隔食用的方法之後，發現意識變得好清楚而且輕鬆，之後，我也開始注意飲食的搭配。

另外還有許多值得採用的意見，以及必須重新審視的時間使用法，因此我想要慢慢地一個一個加以吸收。

愛知　S小姐

第8章

提升學習效率的工具

學習法48 什麼工具可以讓我們維持集中力？

◎計時器

我們在開始學習時，就算集中力用完了，往往還是繼續硬撐著進行。我的建議是把時間設定爲十五分或三十分，等時間一到，就算只學到一半，也要暫時停止學習，休息一下。

我推薦廚房計時器或使用免費的電腦軟體。

在寫稿的時候，我都會把計時器設定爲三十分鐘，等計時器一響，就讓自己休息。在計時器鳴響之前，集中精神持續進行學習或寫作的活動，待計時器一鳴響，就立刻休息。如此一來，可以掌握在感到疲累之前就休息的步調。

休息時間當中也要設定計時器，一旦鳴響，就回到學習的活動上。刺耳的計時器聲音會讓人產生不快，因此建議選擇有小鳥可愛叫聲的計時器。

學習法49　對戶外學習活動有幫助的工具爲何？

◎耳塞

建議讀者使用一種叫「pip ear holiday」的橘色耳塞。隔音效果比「ear whisper」的黃色耳塞好，各大藥局都有賣。

之前沒有使用過耳塞的人請務必試試看。戴上之後，電車的噪音等雜音都會變成幾分之一的音量而已，讓你可以在非常安靜的狀態中集中精神學習。即便在喧鬧的餐廳，耳塞的效果也非常好。

噪音也可能在我們不知情的情況下，成爲妨礙學習或心理壓力的原因，所以要盡可能阻斷噪音。

◎A 4的夾紙板

我很愛使用無印良品的「強化塑膠樹脂夾紙板」。

當你想在置於膝蓋上的參考書或筆記上做備忘時，如果書寫的平面不平整的話，就沒辦法順利書寫了。如果把這種夾紙板放在膝蓋上，你的膝蓋立刻就變成可以方便移動的桌子。想做備忘時卻沒辦法順利寫下來的話，學習的效率就會降低，所以建議讀者可以把此樣物品隨時置於包包當中。

有些上班族爲了能隨時在膝蓋上寫東西，便隨身帶著堅硬的公事包，事實上大可不必帶著這麼笨重的公事包滿街跑。只要把夾紙板放在膝蓋上，兩三下就變成你的書桌了。

學習法 50　建議使用的筆記工具

◎原子筆

我在家裡的書桌上只使用 PILOT 的文書專用「doctor grip」。我準備了這個品牌的黑、藍、紅三種顏色的筆。grip 的筆管很粗，所以對手掌很大的我來說，也是非常好握的設計。

我喜歡的不是購買時附贈的〇．七毫米粗細的筆芯，而是一．〇毫米粗細的。後者寫出來的感覺比較滑順，很容易書寫，到美國留學時，我也買了幾枝替換用的補充筆芯。

另外我還喜歡隨身攜帶將兩色原子筆和免削鉛筆合爲一體的筆。好像也有人稱這種筆爲複合式筆記工具，事實上就是紅、黑色的原子筆和免削鉛筆一體成型的筆。

我喜歡用斑馬（ZEBRA）的「airfit2 + S」。大型文具店就可以買到。這種複合式筆記工具在手握處還附有橡皮擦，強調方便好寫，這一點很受我喜歡。我通常都用黑筆記備忘，用紅筆在閱讀的書本當中比較重要的地方打上記號，至於免削鉛筆則用來在計畫簿裡面寫東西（以便修改）。

如果找不到這種筆，有單色墨水的原子筆和免削鉛筆一體成型的筆就很足夠了。

個人喜歡用PILOT的「one ＋ one doctor grip」。和前面提到的doctor grip一樣，都很好握，而且重量很輕，十分好用。通常這種筆都是黑墨水和免削鉛筆組合在一起，不過我將黑墨水替換成藍墨水。如果單購筆芯，大約是七十日圓。此外用藍筆記備忘，或在書本的重要部分做記號。

如果用黑筆在書本上做記號時，也會因爲不顯眼，很難一眼就看出來。可是如果用紅筆，卻又不適合用來做一般的備忘書寫。然而藍筆不但可以用來寫備忘，而且在書本的重要部分做記號時，因爲顏色不同，一眼就可以分辨出來。

學習法51 有哪些方便訓練聽力的工具？

我喜歡用的是SONY的noise cancelling headphone（隔音耳機MDR-NC11目前已經停產）。是塞進耳朵裡面的類型，體積很小，方便攜帶。有數種新機種發售，請利用該公司的Web目錄確認。

戴著這種耳機，在電車等噪音多的地方聽自己想聽的聲音，可以讓噪音減輕到數分之一，就算不調大音量，聲音也可以聽得一清二楚。尤其在地鐵裡面，效果更佳。我就用了十年以上。

最近有其他公司也發售同樣的隔音耳機，請讀者自行比較。用來學習語言時，如果音量調得過大，反而會聽不清楚，也許是一種預防使用者使用不當的設計。

最近似乎有很多人使用以MP3的形式收錄的教材。我喜歡用蘋果電腦公司的

「iPod」。我將英語的立體音響書輸進裡面，每天聆聽，以防英語能力低落。

近日有越來越多公司針對語言學習者開發可以調整播放速度的數位錄音筆。SONY 的「ICD-SX67」（兩萬日圓左右）」也是其中之一。

使用錄音帶等教材的人，建議使用 SONY 的「WM-EX651」卡帶隨身聽（八千日圓左右）。具有調整速度的功能，六十分鐘長的卡帶只要不到五十分鐘就可以聽完。加快兩成的速度也幾乎不會影響音質。

建議手頭比較寬裕的人可以考慮該公司發售的「卡帶錄音機TCM-900」（約一萬六千日圓左右）。最快可以用兩倍速聆聽。

有家人想看電視時，我們總不能強行要求「關掉電視」吧？此時，無線耳機就是最方便的工具了。我使用的是 SONY 的「MDR-IF240RK」。

我會請家人戴上這種耳機看電視。如此一來，家人就不用顧慮正在念書的你，可以盡情地看電視，而你也可以安安靜靜地學習。

學習法 52
如果是長期計畫型的學習，一張適當的椅子是首要投資

如果預算許可，Herman Miller 的「Aeron chair」是最佳選擇。如果是全配備類型，價格非常昂貴，但是如果家裡有足夠的空間，而且又要長期學習的話，強烈建議率先在椅子上投資。錢花在椅子上比花在書桌上才是訣竅所在。

如果把因爲使用不符合人體工學的椅子而造成腰痛上醫院，或者因爲腰痛的原因而導致效率降低的因素都考慮進去的話，這樣的投資怎麼算都是划算的。我在美國留學時率先買的就是這張椅子。在這張椅子上連坐幾個小時也幾乎不會感到疲累。

在擔任攝影記者時，因爲搬運笨重的器材，而造成腰痛的宿疾，要不是買了這張椅子，也許在留學的三年當中會出現嚴重的腰痛也說不定。從美國回來時，將這張椅子送給了朋友，但是因爲太喜歡了，回到日本之後又去買了一張。

這張椅子值得介紹的地方很多，但是最方便的功能就是座椅的前傾功能。藉由將整個座

椅往前傾斜，使得坐在上面的人在長時間學習時可以不用彎曲著背。

當你坐著念書時，應該都會不自覺地變成往前傾的姿勢。一般的椅子都會設計成承載臀部的座椅面呈水平角度。因此，我們是坐在水平的座椅上，把身體往前傾，這是造成疲勞的原因。

另一方面，Aeron chair 承載臀部的座椅本身就是往前傾的，因此可以在背部伸展到某種程度的狀態下保持前傾的姿勢。以略微前傾的姿勢坐在桌子前面，就可以在幾近理想的狀態下念書了。此外，座椅和靠背的部分是網眼設計，即使在夏天也不會覺得悶熱。

購買時要注意的是要購買全配備的椅子（如果不是全裝備，就沒有前傾功能）。另外還要指定椅子的大小（有大中小三種，一般是B尺寸的中尺寸）。

最近發售了價格比較便宜的「Miller chair」，同樣附有座椅前傾的功能（十萬日圓左右。單一尺寸）。

學習法53　怎樣才是最合適的書桌照明？

我根據長年的學習經驗，推薦讀者選用閃爍情況少，品質佳的螢光燈作爲書桌的照明。照明通常都使用螢光燈或白熾燈。我不喜歡白熾燈的理由是因爲會大量釋放熱量。後文會有說明，在念書時，保持在頭冷腳熱的狀態是很重要的。但是，如果在頭部的附近使用白熾燈的話，頭部四周的溫度就會上升。因此，建議使用螢光燈的照明。

螢光燈多少也會發熱，但是白熾燈卻是會熱到甚至不能用手指頭去觸摸。和椅子一樣，投資某種程度的金錢在照明上，就長期來看，也可以提升學習的效果。使用品質不良的照明而導致眼睛疲累的話，就會對隔天的學習活動造成障礙。

也許讀者會這樣想：「書桌就不用投資嗎？」事實上，花大錢在書桌上對提升學習的效率幾乎是沒有什麼貢獻的。

按照椅子、照明、桌子的順序來投資，費用的相對效果應該是最高的。至於我最愛用的桌子是KOKUYO的「ARIOSU」，桌子的高度可以調整。我建議讀者選購像這樣可以調整高度的桌子。最近再度登陸日本的IKEA也有可以調整高度的桌子。

如果長時間坐在與自己的座高不搭的桌子前面，也是造成疲勞的原因。

學習法 54 什麼工具能有效抵抗寒意？

常聽到有人說頭冷腳熱，冬天念書時如果下半身，尤其是腳尖冰冷的話，就沒辦法集中精神念書。覺得腳冰冷時，就泡個溫水暖和一下。

我總是穿羊毛製的襪子避免腳部冰冷，最近常穿 UNIQLO 以 HeatTech 素材製造的襪子。該素材會吸汗、發熱，讓腳保持某種程度的溫熱。冬天時再於上頭穿上 Frees 製的拖鞋。

一到冬天，有時候即便屋內是暖和的，腳卻還是冰冷的。此時一種叫「膝暖板」的東西就非常方便。

原理是靠著遠紅外線來溫熱我們的腳。以前我會把小電暖爐放在腳邊，但是往往會導致兩腳過熱。

另一方面，頭部最好保持冰冷，因此我並沒有在書房裡放置鼓風扇暖氣設備。理由是擔心屋內溫度太熱，還有空氣變差，因此現在都使用電熱氣。

學習法55 什麼樣的工具可以讓你舒服地清醒過來？

關於前面所述打開窗簾睡覺一事，若是有家人同住，或者對拉開窗簾睡覺有心理上的抗拒時，其實是有方便的物品可以使用的。那就是「Panasonic 活體節奏 光．清醒檯燈」。只要事先設定鬧鐘，檯燈就會像早晨的太陽光慢慢地照亮四周一樣，配合起床時間緩緩地加強照明的亮度（把照明朝著臉部放置），如此一來，起床的過程就比較符合人體的節奏了。

另外一種物品就是振動手錶。這種手錶不會發出鬧鐘的聲音，就像行動電話的振動功能一樣，利用振動來通知使用者時間。

善用這些物品，就可以在不吵醒家人的情況下，自己獨自起床。卡西歐或 TIMEX 等幾家公司都有售。以卡西歐爲例，該公司生產一種叫「G-SHOCK G-7500-1JF」的商品。

整合

●利用計時器來控制學習時間和休息時間的規律，維持最佳的集中力。

●在戶外從事學習活動時，耳塞和Ａ４夾紙板是最佳利器。

●寧可把錢花在椅子上而不是書桌上。推薦Herman Miller的「Aeron chair」（全配備）。

●按照椅子→照明→書桌的順序投資金錢，最符合費用的經濟效益。

後記

你曾經因爲沒有某種特定的知識、技能而在工作方面遇到很大的阻礙吧？此時，你有兩種選擇。一種是發憤圖強，努力學習，以克服那面擋在前面的牆。另一種選擇就是當場逃離，然後一輩子覺得臉上無光。要選擇哪一條路端看你的決定。

只要持續「一天三十分鐘」的學習習慣，一年三百天下來就有一百五十個小時，五年就有七百五十個小時，十年就有一千五百個小時的學習量。如果用一天的實質活動時間十七小時來除的話，分別等於學習了整整九天、四十四天、八十八天。

可是，回歸原點來看，你只是每天學習三十分鐘而已。人們經常會說「我沒有持續力」。花十年的時間將一千五百小時花費在學習上的人和將同樣的一千五百小時浪費在電視上的人，所得的結果當然會有極大的不同。

也許你會說「一天花上三十分鐘也很久了」。如果我提議你「請每天花三十分鐘寫文章」，你一定會提出反駁「那是絕對不可能的」。

可是，你每天在工作方面應該至少會寫三十分鐘左右的電子郵件（文章）。就在十年之前，你幾乎沒有寫郵件（文章）的習慣吧？習慣這種東西實在是很有趣的事情。

學習的習慣也一樣。其實只有在開始養成習慣的那段短暫的時間，會讓人覺得有點麻煩而已。一旦養成了習慣，之後就不需要那麼費力了。

從上高速公路到時速增加到一百公里爲止，你必須猛力地踩油門。但是，一旦達到了一百公里時，你就沒有必要那麼用力地踩油門，就可以維持在那個速度了。兩者的道理是一樣的。

嬰兒時代曾經在地上爬行的你在無意識的情況下，經過不斷地練習，最後終於能站起來走路了。而且還會經由練習而學會騎腳踏車。

學習的習慣也完全一樣。如果以前你不懂得怎麼學習，那麼你只要在達成目標之前，反覆體會成功與失敗的經驗，一樣努力練習就可以了。如此一來，必定可以養成學習的習慣。而在持續數年的學習習慣之後，你的水準就會提升到今日的你所無法相比擬的程度。這是我給你的保證。

最後我要感謝一些人。首先要謝謝在本書出版之前就購買原文的顧客。當我透過聯絡，表示想出版本書時，許多人都大力贊成。接著還要感謝長期支持我的翻譯、手冊、英語學校共計超過二千三百名的顧客。本書的書名是透過這些顧客的問卷調查之後，最後決定下來的。然後還要謝謝購買本書的讀者。還有編輯平城好誠先生。事實上，我的手冊導覽和學習法正是和平城先生認識的契機。因此才蒙平城先生幫忙編輯、製作本書。

眞的非常感謝各位耐心地讀完本書。

古市幸雄

二〇〇七年六月吉日

參考文獻

和各位一樣，我也是從許多作者身上得到啓發而發憤圖強的。在原文中，拿來做參考的地方是從作者的作品當中直接引用的。但是，在本著作當中，幾乎都是以我從數本作品或研習會當中所咀嚼得來的情報，經過濾之後的形式加以介紹的。列爲參考文獻的是讓我受到特別影響的書籍。請務必參閱。

《描繪「成功曲線」——實現夢想的工作提示》石原明著，大和書房
《強化記憶力——最新腦部科學發現的記憶機制和訓練方法》池谷裕二著，講談社bluebox
《小公司賺大錢》竹田陽一、柏野克己著，台灣東販（中文版）
《不生病的生活》新谷弘實著，如何（中文版）
《永不放棄：我如何打造麥當勞王國》雷．克洛克、羅伯特．安德森著，經濟新潮社（中文版）
《思考致富》拿破崙．希爾著，李茲文化（中文版）
《Fit for Life——健康長壽有其「不滅的法則」！》哈維．戴蒙、瑪莉琳．戴蒙著，松田麻美子譯．補充，Gusuko出版

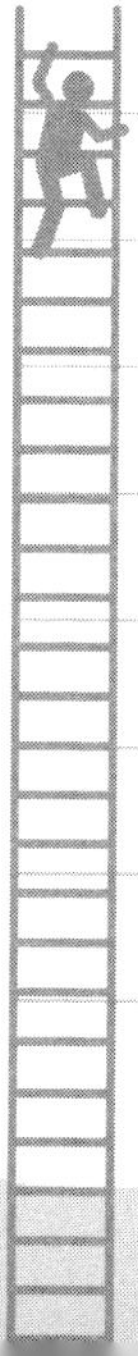

國家圖書館出版品預行編目資料

每天只要30分鐘 / 古市幸雄著；陳惠莉譯.——二版
——臺北市：大田出版，2018.01
面；公分.——（Creative；001）

ISBN 978-986-179-505-8（平裝）

1.學習方法 2.讀書法

521.1 106014357

Creative 001

每天只要30分鐘

作者：古市幸雄
譯者：陳惠莉

出版者：大田出版有限公司
台北市104中山北路二段26巷2號2樓
E-mail:titan3@ms22.hinet.net
http://www.titan3.com.tw
編輯部專線（02）25621383
傳眞（02）25818761
【如果您對本書或本出版公司有任何意見，歡迎來電】
行政院新聞局版台業字第397號

總編輯：莊培園
副總編輯：蔡鳳儀 / 執行編輯：陳顗如
行銷企劃：古家瑄 / 董芸
校對：黃薇霓
法律顧問：陳思成 律師
印刷：上好印刷股份有限公司
（04）23150280
初版：2008年6月30日
二版一刷：2018年01月01日
定價：新台幣 250 元
國際書碼：ISBN 978-986-179-505-8 /CIP: 521.1 / 106014357

"ICHINICHI 30-PUN WO TSUZUKENASAI!: JINSEI SHORI NO BENKYO-HO 55"
by Furuichi Yukio

Original Japanese edition published by Magazine House, Tokyo.
This Traditional Chinese language edition published by arrangement with
Magazine House, Tokyo in care of Tuttle-Mori Agency, Inc., Tokyo
through Bardon-Chinese Media Agency, Taipei.

Printed in Taiwan

廣告回信
台北郵局登記證
台北廣字第01764號
平信

From：

地址：

To：台北市 10445 中山區中山北路二段 26 巷 2 號 2 樓

大田出版有限公司　／編輯部　收

電話：（02）25621383　傳真：（02）25818761

E-mail：titan3@ms22.hinet.net

意想不到的驚喜小禮等著你！

只要在回函卡背面留下正確的姓名、
E-mail和聯絡地址，並寄回大田出版社，
就有機會得到意想不到的驚喜小禮！
得獎名單每雙月10日，
將公布於大田出版粉絲專頁、
「編輯病」部落格，
請密切注意！

編輯病部落格

大田出版

大田出版 讀者回函

姓　　名：________________________________

性　　別：□男 □女

生　　日：西元______年______月______日

聯絡電話：________________________________

E-mail：________________________________

聯絡地址：________________________________

____

教育程度：□國小 □國中 □高中職 □五專 □大專院校 □大學 □碩士 □博士

職　　業：□學生 □軍公教 □服務業 □金融業 □傳播業 □製造業

□自由業 □農漁牧 □家管□退休 □業務 □ SOHO 族

□其他 ________________________________

本書書名：0714001 每天只要 30 分鐘

你從哪裡得知本書消息？

□實體書店 ______________ □網路書店 ______________ □大田 FB 粉絲專頁

□大田電子報 或編輯病部落格 □朋友推薦 □雜誌 □報紙 □喜歡的作家推薦

當初是被本書的什麼部分吸引？

□價格便宜 □內容 □喜歡本書作者 □贈品 □包裝 □設計 □文案

□其他 ________________________________

閱讀嗜好或興趣

□文學 / 小說 □社科 / 史哲 □健康 / 醫療 □科普 □自然 □寵物 □旅遊

□生活 / 娛樂 □心理 / 勵志 □宗教 / 命理 □設計 / 生活雜藝 □財經 / 商管

□語言 / 學習 □親子 / 童書 □圖文 / 插畫 □兩性 / 情慾

□其他 ________________________________

請寫下對本書的建議：

※ 填寫本回函，代表您接受大田出版不定期提供您出版相關資訊，
大田出版編輯部 感謝您！